운 명 은　 없 다

운명은 없다

2015년 5월 4일 초판 1쇄 발행
지은이 · 주리

펴낸이 · 이성만
책임편집 · 최세현 | 디자인 · 김애숙

마케팅 · 권금숙, 김석원, 김명래, 최민화, 조히라
경영지원 · 김상현, 이윤하, 김현우
펴낸곳 · (주)쌤앤파커스 | 출판신고 · 2006년 9월 25일 제406-2012-000063호
주소 · 경기도 파주시 회동길 174 파주출판도시
전화 · 031-960-4800 | 팩스 · 031-960-4806 | 이메일 · info@smpk.kr

ⓒ 주리(저작권자와 맺은 특약에 따라 검인을 생략합니다)
ISBN 978-89-6570-212-2(03320)

쌤앤파커스(Sam&Parkers)는 독자 여러분의 책에 관한 아이디어와 원고 투고를 설레는 마음으로 기다리고
있습니다. 책으로 엮기를 원하는 아이디어가 있으신 분은 이메일 book@smpk.kr로 간단한 개요와 취지,
연락처 등을 보내주세요. 머뭇거리지 말고 문을 두드리세요. 길이 열립니다.

운명은 없다

일본 재계 순위 7위 마루한 한창우의 인생정신

주리 지음

쌤앤파커스

프롤로그

16세 밀항소년이 거상巨商이 되기까지

승자가 될 자격, 독보적 실력

누구도 대적 못할 자가 되어라

전력을 배가시키는 신바람 기운, 박력

삶과 일은 분리되지 않는다

세상과 사람을 매혹하는 매력, 인망

업즉신앙, 필요한 것은 사람이다

에필로그

인생의 승부에서 '은퇴'는 없다

16세 밀항소년이
거상巨商이 되기까지

세상을 지배하는 것은 무엇일까? 각박하지만 '물질이 세상을 지배한다.'
고 생각하는 사람이 점점 많아지고 있다. 아무리 그런 사고에서 벗어나려
고 해도, 사실상 현대 자본주의 사회에서 사는 우리는 돈이 있어야 원하
는 것을 얻을 수 있고, 문화적으로나 정신적으로 안정된 생활을 누릴 수
있다. 아마 대부분의 사람들이 이러한 사실을 부정하기 어려울 것이다.

그래서 많은 사람들이 부자가 되고 싶어 한다. 혹은 돈이 많고 경제적
으로 안정된 이들과의 만남을 지향하기도 한다. 그러나 세상에 부자가 많
은 것 같아도 상위 1%의 부자는 쉽게 만날 수 없고, 일반인의 눈에 잘 띄
지도 않는다. 그럼에도 필자는 부자라고 일컬어지는 사람을 제법 많이 만

나왔다. 때로는 부자의 몰락도 지켜보았고, 부와 명예, 도덕성까지 모두 갖춘 인격적인 부자는 세상에 그다지 많지 않다는 사실도 알게 되었다. 그 와중에 위풍당당한 부자가 누구인지를 늘 궁금해했다. 실상 부자를 만나서 그들의 일상을 들여다보면 이내 실망하거나 부자가 된 이유의 실체에 대해 의문이 생겼기 때문이다.

그럼에도 부자다운 부자는 반드시 있을 것이라는 기대를 버리지는 않았다. 부자다운 부자, 존경할 만한 성공을 거둔 그들에게는 분명한 공통점이 있었다. 돈을 버는 데는 질서나 흑백구분도 없었다. 부자다운 부자들은 사회변화의 핵심을 감지하는 능력이 탁월했고, 독창적인 아이디어를 생각해내기 위해 스스로 부단히 노력했다. 거대한 성공을 이룩해낸 그들만의 노하우가 반드시 있었고, 그러한 특징이 하루아침에 만들어지지 않았다는 점도 분명했다.

그래서 필자는 더 구체적으로 '저 사람은 무엇이 남다른가?'의 대답이 될 만한 특성을 집중적으로 취재하고 분석했다. 이른바 '은수저를 입에 물고 태어난 자'만 성공할 수 있을까? 어려운 환경에서 나고 자란 사람들은 주어진 운명에 순응할 수밖에 없다며 일찌감치 좌절하고 포기하게 되는 현실에서, 과연 태생적인 부자만이 부자로 살 수 있는 것인가? 이런 명제를 화두로 삼았다.

필자는 운명이란 이미 판도가 정해진 것이 아니라 도전과 끈기로 얼마든지 달라질 수 있다고 믿으며 살아왔다. 그래서 은수저를 물고 태어나야 부자가 된다는 것에 의심을 품어왔다. 만약 주어진 운명에 순응하고 산다면, 인생이 마치 카스트 제도처럼 비참해지지 않겠는가? 인생에 도전해 성공한 사람들은 부자 부모 밑에서 태어난 것이 아님에도 큰 성공을 거두었다. 실제로 내가 만난 부자들 중에는 자수성가한 사람이 많았으며, 가난이나 어려움을 스스로의 노력으로 극복한 이들이 대부분이었다. 그래서 나는 더더욱 운명을 믿지 않게 되었다. 운명이란 주어진 환경을 뛰어넘기 위해 나에게 주어진 과제라고 말하고 싶다.

한국인에게서 발견한 승리의 화두

필자는 한국을 떠나 오랫동안 외국생활을 했으며 지금도 일본에서 살고 있지만, 단 한 번도 한국을 잊어본 적이 없다. 머리로 기억하는 것을 넘어 가슴으로 느끼는 절대 당위가 있다. 한국에 대한 감정은 애국심만으로 설명하기 어렵다. 한국 출신이라는 것만으로도 가슴속 깊은 곳에서 끓어오르는 무언가가 있었으며, 그것은 필자의 삶에 고통과 부끄러움과 회한이 되기도 했다. 한때 '왜 나에게 한국인의 피가 흐르는가?' 하는 어리석은 질문을 던진 적도 있다. 그러나 인생의 과정마다 나 자신은 한국 출신이라는 '자각'이 생겨나면서, 그 사실 자체가 고난을 이겨내는 힘으로 작용하기도 했다.

한국인은 반세기 전까지 식민 치하의 나라 잃은 민족이었고, 가슴 아픈 동족상잔의 비극도 겪었다. 하지만 작금의 세상을 보라. 한국인만큼 단기간에 드라마틱한 도약을 이뤄낸 민족도 찾아보기 힘들다. 한국인은 운명에 도전하면서 역사를 개척한 사람들이다. 때로는 울분을 참지 못하는 강한 성격으로 자신의 존재를 드러내기도 한다. '한탄'과 '포기', '좌절' 같은 단어는 한국인에게 결코 어울리지 않는다. 한국인은 인내하는 사람들이기 때문에 쉽게 인생을 버리지 않는다.

자, 그렇다면 우리 자신에게 질문을 던져보자.

그런 한국인이 오늘날 왜 인생 앞에서 이토록 방황하는가? 왜 이렇게 다들 힘들다고 한숨만 쉬고 있는가? 우리는 이러한 방황의 해답을 어디에서 찾아야 하는가? 국가인가, 가족인가, 나 자신인가? 자신을 차분히 돌아보며 해답을 찾아야 할 시간임에도 불구하고, 너무 많은 불만과 슬픔, 좌절 속에서 삶의 에너지를 발전적으로 승화시키지 못하고 낭비하는 것이 아닌지 생각해보아야 할 것이다.

외국에서 바라보는 한국인은 성실함과 끈기를 바탕으로 부단히 노력하는 무서운 저력을 가진 사람들이다. 한국인의 마음과 정신에 담겨 있는 인내심과 강인한 의지는 반세기 만에 이룩한 놀라운 경제발전과 국제사회에서의 위상 강화로 잘 나타난다. 반세기 전까지만 해도 일본인은 한국인을 하대했으며, 솔직히 공공연한 차별도 없지 않았다.

물론 세계 어디를 가도 차별이나 편견은 존재한다. 민족, 국가, 인종이 다르다는 이유로 차별당하기도 하고, 그것을 극복하려고 부단히 노력하기도 한다. 비단 차별이나 편견이 일본만의 문제는 아니지만, 아직은 일본의 정서상 한국인에 대한 차별이 전혀 없다고는 말할 수 없다. 그럼에도 일본에서 살다 보면 한국인에 대한 시선이 달라졌음을 느끼곤 한다. 한류열풍으로 대표되는 엔터테인먼트 분야를 뛰어넘어 경제, 문화 등 다양한 면에서 한국을 알고 배우려는 흐름이 조성되고 있기 때문이다.

한국에 대한 해외의 관심은 우리 한국인이 체감하는 것보다 훨씬 높은 것 같다. 하버드대 경영대학원 애니타 엘버스Anita Elberse 교수는 〈조선일보 위클리비즈〉와의 인터뷰를 통해 "머지않아 한국인이 세상을 지배할 것"이라는 파격적인 칭찬까지 했다. 실로 역전의 역사가 아닐 수 없다. 듣기만 해도 기분 좋은 말이다.

필자는 한국인이 가진 강한 힘의 근원을 알고자 오랫동안 세계적으로 유명해진 한국인을 만나왔고, 그들을 연구했다. 그 모든 과정은 감동의 연속이었고, 필자의 개인적인 삶 또한 그들을 만나면서 극명하게 달라지기 시작했다. 감사하게도 이 과정에서 감동 이상의 깨달음도 얻었다. 그 중 가장 강력한 것은, 한국인에게는 필연적으로 역전의 역사를 만들 수밖에 없는 강한 '근성根性'이 있다는 사실이었다.

일본에서는 '곤조'라 부르는 '근성'을 매우 좋은 의미로 받아들인다. 그래서 '곤조가 있다.'고 하면 일본에서는 자랑스럽게 생각한다. 한국인은 이러한 곤조, 즉 근성이 남다르다. 부지런하고 성실하며 개미처럼 일하는 근면함에 대해서는 타의 추종을 불허한다.

근성은 습관을 만들고 가치관을 만들고 결과를 만든다. 인간의 생각은 행동으로 바로 드러나고, 그래서 행동의 토대는 곧 생각이다. 《법구경》을 보면 "생각은 말로 나타나고, 말은 행동으로 나타나며, 행동은 습관으로 발전한다."고 했다. 생각이 깊은 사람은 행동이 가벼울 수 없고, 생각이 얕은 사람은 행동이 신중하기 어렵다. 따라서 올바른 행동을 하고 싶다면 먼저 올바른 생각을 해야 한다. 니체 또한 부정적인 눈으로 바라보는 세상에서는 성공을 만나지 못한다고 했다. 성공자의 습관을 원한다면 먼저 성공자의 근성을 가져야 할 것이다.

우리가 소위 '성공자'라고 부르는 대부분의 사람들은, 성공하는 근성을 습관으로 옮긴 자들이다. 그들은 자신의 근성으로 세상을 진동시켜 변화를 일구어냈다. 필자가 만난 일본 거주 한국인들은 대부분 성공자의 근성을 가지고 있었다. 아니, 그들뿐만 아니라 모든 한국인에게는 유독 성공자의 근성이 많은 것 같다. 이러한 한국인의 근성은, 타민족의 그 어떤 성공자원보다 더 강력한 동력으로 한국 근현대사에 발휘되어왔다. 각자에 내재되어 있는 훌륭한 근성을 가다듬어서 성공습관으로 재창조한 민족이었기에, 수많은 시련과 위기를 겪고도 지금의 성공을 거둘 수 있었던 것이다.

운명은 극복하는 데 의미가 있다

필자에게 강한 근성의 힘을 깨닫게 해준 대표적인 인물이 바로 마루한 그룹의 한창우 회장이다. 일본에서 눈부신 활약을 하고 있는 한국인 출신 인사가 많지만, 그중에서도 독보적인 인물이 바로 한창우 회장이다. 필자는 그를 볼 때마다 한국인의 강한 근성의 힘이 얼마나 위대한 성공자원인지 절실히 느낄 수 있었다.

사실 일본에서 만난 한국인들이 모두 자랑스러운 사람들만 있는 것은 아니다. 일본에서 매년 발생하는 한국인 범죄자 수가 2013년 이전에

1,000명을 넘었다는 경시청 자료만 보아도 알 수 있듯이, 같은 민족으로서 안타까운 사람들도 종종 있다. 하지만 반대로 일본인들을 뛰어넘는 놀라운 성공을 거둔 사람들도 많다. 필자는 일본에서 성공한 한국인을 많이 만났는데, 만날 때마다 같은 한국 출신으로서 무척 자랑스러웠다. 그리고 그중에서도 첫 번째로 꼽는 사람이 바로 한창우 회장이다.

한창우 회장은 스스로 인생을 개척했다. 1931년 경남 삼천포, 지금의 사천 지역 소작농의 아들로 태어나 어려운 가정에서 어린 시절을 보냈다. 그리고 열여섯 살의 나이에 일본 밀항선에 오른 난민 출신이다. 사실 필자와 같은 평범한 사람들의 삶에서는 '밀항'이란 상상도 못할 이야기였기에, 소설 같은 그의 인생 이야기를 처음 책으로 접했을 때 적잖이 놀랐다. 시작부터 일반인은 상상도 못할 만한 일을 감당한 특별한 인생이 아닌가.

필자에게 마루한의 한창우 회장을 소개한 사람은 일본의 경제학자 노다 가즈오 선생이다. 이분은 손정의 회장을 '손 군'이라 부를 만큼 오랫동안 돈독한 관계를 지속해온 막역한 은사다. 그런 이유로 노다 선생에게 많은 일본 경제인들이 찾아가 의논하고 배워서 성공하기도 했다. 일본의 살아 있는 창업신화라 불리는 HIS 여행사의 사와다 히데오 회장도 노다 선생을 멘토이자 스승으로 부른다. 그런 노다 선생이 마루한 한창우 회장의 자서전을 필자에게 건네며 했던 말이 있다.

"멋진 한국인이야."

노다 선생은 한창우 회장에 대해 성공한 한국인이라는 칭찬을 아끼지 않으며, 덧붙여 필자에게 손정의 회장의 책을 냈듯이 반드시 한창우 회장의 이야기를 한국을 비롯한 전 세계에 알려야 한다고 말했다. 경제학자가 본 경제인이므로 결코 건성으로 듣고 넘길 말이나 립서비스는 아니라는 판단이 들었다. 이후 필자는 그의 자서전을 여러 차례 읽고 줄줄 꿸 정도가 되었다. 그래서 그런지 후에 한창우 회장을 직접 만났을 때는 마치 잘 아는 사람을 보는 듯한 착각마저 느꼈다.

아직 한국에 대한 인식이 좋지 않았던 해방 직후, 그는 일본에 건너가 차별에 굴하지 않고 '마루한 그룹'을 세워 거대기업으로 키워냈다. 마루한은 2014년을 기준으로 일본 파친코 업계 1위, 연 매출 약 2조 1,116엔 (약 20조 원), 점포수 299개, 직원 1만 1,827명에 이르는 대기업으로 성장했다. 또한 그는 일본 부자 순위 8위에도 올랐다. 모두 한창우 회장이 맨손과 맨몸으로, 강한 근성의 힘으로 일궈낸 결과다.

한창우 회장의 강한 근성은 비단 일본뿐 아니라 세계적으로 인정을 받고 있다. 천황 훈장은 물론 캄보디아 왕국이 수여한 제1등 훈장상 등 많은 상을 받기도 했다. 언론에서도 그의 성공 마인드에 주목해 다양한 분석기사를 쏟아냈다. 다음을 살펴보자.

"마루한은 1970년대와 1980년대 일본 경제성장 붐과 함께 급성장했다. 설립자인 한창우 회장은 숱한 역경을 딛고 지금의 위치에 올랐다."
 - 〈파이낸셜 타임스〉영국판 2004년 3월 24일자
"한창우는 신념, 열정, 책임감이 강한 인물이다."
 - 〈아사히신문〉1993년 6월 29일자
"한창우 회장, 창업 반세기로 업계 톱의 매출 1조엔 달성. 그 배경에는 숭고한 인생철학이 있다."
 - 〈재계일본〉2005년 5월호
"한창우 회장은 창의적인 상상력과 성의, 노력, 신용, 봉사의 정신으로 오늘날의 기업을 이루게 됐다."
 - 〈포브스〉일본판 2005년 7월호
"마루한은 투명경영으로 파친코 업계의 더티dirty한 이미지를 쇄신했다."
 - 〈동양경제일보〉2004년 4월 9일자

그를 향한 세간의 표현을 빌리자면 '파친코 황제'다. 맞다. 마루한은 파친코를 토대로 세워진 기업이다. 이 부분에서 독자들이 의아해하거나 약간의 반감을 가질 수도 있다. 한국에서 파친코는 음성적인 도박으로, 사회문제를 일으키는 향락산업으로 인식되기 때문이다. 하지만 일본에서는 사정이 다르다. 일본이란 나라는 법치국가로서 결코 만만한 나라가 아니다. 음성적으로 기업을 이끌 수도 없고 세금포탈은커녕 개인도 철저하게 세법을 지켜야 하는 나라다.

한 예를 들어 외국인이 세금, 연금을 제대로 내지 않으면 영주비자를 받기 어려운 것은 물론이고, 교통법규 위반처럼 사소한(?) 위법 경력도 항상 따라다닌다. 이 기록은 언제든지 자신에게 불리하게 작용할 수 있기 때문에 준법정신에 대한 의식이 상당히 높은 나라다.

물론 그럼에도 파친코 말고 기왕이면 다른 비즈니스를 해볼 수도 있지 않았냐고 반문할 수 있다. 이에 대해서는 한창우 회장의 말에서 이유를 찾을 수 있다.

"당시 일본의 은행들은 한국인과 거래를 해주지 않았다. 그러니 우리로서는 현금 장사밖에 할 게 없었다. 차별 속에서 선택한 우리의 업이 바로 파친코 산업이었다. 어떻게 보면 대표적인 차별산업이었던 셈이었다."

또한 한국 사람들의 선입견과 다르게, 일본에서 파친코 산업은 여가 및 레저스포츠이자 엔터테인먼트 산업으로 자리 잡은 지 오래다. 국가가 공인한 오락산업으로서 모든 것이 정부의 철저한 관리감독 하에 진행된다. 그리고 본문에서 소개하겠지만, 일본의 파친코 문화를 좋은 쪽으로 변화시킨 주체가 바로 마루한이다. 마루한의 매장을 방문해본 이들이라면 잘 알겠지만 밝은 조명과 편안한 좌석 덕분에 마치 호텔 로비에 있는 듯한 느낌을 받는다. 흔히 예상하는 어두침침한 분위기나 야쿠자와의 연관성도 전혀 없다.

한창우 회장은 마루한을 설립해 특유의 추진력으로 일본에서 가장 성공한 기업가가 되었다. 이런 그는 자신이 한국 출신임을 자신 있게 밝힌다. 일본 국적으로 변경할 때도 한국 이름을 그대로 사용했다. 그처럼 한국 이름을 그대로 쓰는 일본 국적자는 소프트뱅크의 손정의 회장, 강상중 교수, 백진훈 참의원 등이 있다. 한창우 회장의 아들 한유 사장도 마찬가지다.

한유 사장이 야구선수였던 고등학교 시절에, 야구부 주장이 "전광판에 한국 성姓인 '한韓' 대신 일본식으로 '니시하라'를 쓰는 것이 어떻겠느냐?"고 제의했지만 그는 "유치원 때부터 나는 '한'이었다."며 일언지하에 거절했다고 한다. 또한 2013년에는 김연아 선수가 우승을 차지한 피겨스케이팅 세계선수권대회에서도 마루한 광고를 한글로 선보여 화제가 됐다. 한국 기업조차 영어로 표기하는 경기장에서 한글을 사용했다는 사실만으로도 한국에 대한 그의 애정을 느낄 수 있다.

파친코에 가본 적이 없는 필자로서는 휘황찬란한 네온사인과 기계들이 움직이는 곳을 지나칠 때마다 필자와는 평생 무관한 곳이라고 생각했다. 그러던 차에 한 권의 자서전을 만났고, 파친코에도 특별한 관심을 갖게 되었다. 지금은 붉은 마크의 마루한 광고가 나오면 너무나 반가운 마음마저 든다. 한국인 출신인 한창우 회장의 감동적인 성공담을 접한 후 그는 필자의 멘토가 되었으며, 그처럼 성실하고 정직하게 살고 싶다는 생각을 다지곤 한다.

안락을 꿈꾸려거든 도전하지 말라

우리는 누구나 유복한 환경을 꿈꾼다. 같은 실력이라도 여건이 '뒷받침되면' 더 쉽게 더 크게 성공할 수 있으리라는 아쉬움 때문이다. 하지만 유복함이 과연 좋기만 할까? 유복한 환경은 인간을 안주하게 만드는 장애요소가 될 수도 있다. 더 이상의 도전이 필요 없을 정도로 인생이 달콤하기 때문이다. 그에 반해 인생의 거친 자갈밭은 스스로 삶에 도전하게 만드는 강력한 동기부여 요소가 된다. 버티는 것조차 힘겹기에, 생존조차 난감하기에, 일상 자체가 도전의 연속이다. 멈추면 퇴보할 수밖에 없는 인생이기에 기를 쓰고 나아가려 한다. 그 과정에서 우리는 성장이라는 결실을 얻고, 성공이라는 꽃을 피운다.

표류하는 밀항선 외진 칸에서 끼니를 거르고 일본으로 향했을 때, 사업에서 엄청난 실패를 겪을 때, 개인의 인생에서 위기를 맞을 때마다 그는 이런 생각을 했다고 한다.

"사람은 살면서 수많은 위기를 경험한다. 위기를 맞아 포기하면 그 사람은 보통사람에 불과하다. 좋은 결과를 얻기 위해서는 위기에 강한 사람이 되어야 한다. 역경 앞에서 실력을 발휘할 수 있는가, 여기에서 진정한 차이가 드러난다."

굴곡진 인생을 거상의 인생으로 역전시킨 신념이 아닐 수 없다.

필자의 지인 중에 이런 사람이 있다. 매우 부유한 환경에서 태어나고 자라서 어려움 없이 대학교에 진학하고 유학까지 마쳤으나 부모의 이혼과 모친의 사업 실패로 뒤늦게 어려운 상황을 맞았다. 절친하던 친구들도 하나둘 떨어져 나가고 돈이 없어서 사람 구실도 못하게 되자, 그는 절망에 빠져 '죽고 싶다.'는 말을 서슴없이 하곤 했다. 설상가상으로 아내와 아이마저 외국으로 떠나 혼자 남게 되었다. 그런 그에게 필자는 한창우 회장에게 배운 가르침을 전했다. 환경이 어려워지는 것을 원망하지 말고, 더 분발하고 노력하라는 인생의 가르침으로 받아들이고 더욱더 자신을 다지라고 말이다.

그처럼 유복한 환경을 계속 이어가면 행복하고 편안하게 생을 마감하겠지만 중도에 어려움이 닥치면 걷잡지 못하는 좌절, 실망에 빠지고 때로는 극단적인 선택을 하기도 한다. 반면 가난한 한국인은 어려움을 이기고 작은 것을 디딤돌 삼아 사업에 성공을 거두는 경우가 적지 않다. 정도의 차이는 있을지라도, 어려운 환경을 극복하고 성공하는 것은 한창우 회장에게만 국한된 특성이 아니다.

나아가 사업도 마찬가지다. 어찌 보면 안락한 환경에서 시작부터 순탄하게 진행되는 사업은 없다고 해도 과언이 아니다. 사업이라는 것은 태생적으로 예측 불가능하고 거친 환경에서 불요불굴의 정신으로 도전하고, 모진 비바람을 이겨내는 과정에서 성장하는 것이다. 편안하고 안정된 삶을 살고 싶다면 사업하지 않는 편이 낫다. 최근 한류 열풍을 타고 자리 잡은 일본 내 한인촌의 한류 백화점이나 큰 상점들이 줄줄이 도산하는 것을 보면서, 일본에서 사업하는 것이 결코 녹록하지 않다는 점을 새삼 느끼곤 한다. 그런 어려움 속에 거둔 성공은 가히 놀라운 개가가 아닐 수 없다.

한창우 회장은 절체절명의 상황을 딛고 피눈물이 날 정도의 근성으로 지금의 위치에 올랐다. 그의 인생에서 운명이 준 축복 같은 것은 애당초 찾아보기 어렵다. 심지어 그는 사업이 성공가도에 올라 비로소 한숨 돌릴 즈음에 열여섯 살 장남을 잃었다. 하지만 뼛속 깊이 새겨진 한국인의 강한 근성은 그에게 절박한 상황에서도 심신을 다시 곧추세우는 원동력이 됐다. 그렇게 한창우 회장은 자신에게 주어진 운명의 판도를 뒤바꿔냈다.

한국인은 어떤 민족인가? 한마디로 강한 근성을 가진 민족이다. 무너지고 쓰러져도 일어서는 민족, 패배할지라도 끝끝내 일어나는 민족, 실패해도 다시 도전하는 민족이 한국인이다. 역사가 이를 증명한다. 안락함보다는 어려운 환경에서 성장해왔던 그 거친 역사 말이다. 물론 한국사에 우리가 강한 기세로 적들을 무릎 꿇린 장면은 많지 않다. 한국사는 침공의 기억보다 방어의 기록이 더 많다. 그럼에도 한국인은 강하다고 단언할 수 있다.

지극히 개인적인 의견이지만, 이기기는 쉽다. 어떻게든 한 번 정도는 이길 수 있다. 장기간 이어지는 승부라면, 언젠가 한 번은 이길 수 있는 기회가 오게 마련이다. 그 순간에 힘을 모아 공격하면 생각보다 어렵지 않게 한 번은 승리할 수 있다. 하지만 역사를 전체적으로 놓고 볼 때, 그러한 승리는 짧은 활약에 불과하다.

진정으로 어려운 것은, 승리하는 게 아니라 승리를 유지하는 것이다. 칭기즈칸의 후예들은 한때의 영광을 지키지 못하고 약소민족으로 전락했고, 로마도 이제는 더 이상 강대국이 아니다. 정상에 머무는 것은 정상에 오르는 것보다 어려운 법이다. 기세란 언제 꺾일지 모른다.

이는 기업의 논리에서도 마찬가지다. 잠시 반짝 하고 튀어나와 성장가도를 달릴 수는 있다. 하지만 영속적으로 성장을 유지하고 강한 기업으로 살아남기란 매우 어렵다. 경영학의 대가 짐 콜린스가 1990년 후반에 《좋은 기업을 넘어 위대한 기업으로》라는 책에서 거론한 위대한 기업 중 대부분은 몇 년 만에 쇠락의 길을 걸었다. 결국 그는 그 몰락의 이유를 분석한 《위대한 기업은 다 어디로 갔을까》를 집필해야 했다.

인생이라고 다르겠는가? 누구에게나 전성기는 있다. 하지만 전성기를 끝까지 유지하는 자는 찾아보기 어렵다. 안타깝게도 우리 주위에는 오히려 정상에서 추락하는 인생이 더 많았으며 강한 것만으로는 오래가지 않는다는 것을 증명하는 사례를 더 많이 보아왔다. 지난해 한국의 세월호 사건으로 300여 명의 아까운 생명을 앗아간 선박회사 회장이 도피와 은둔생활을 이어갔지만 결국 처참하게 주검으로 발견되었듯이, 무리한 성공은 반드시 혹독한 대가를 치르게 된다. 아마도 이것은 우리의 삶에 내재한 어떤 법칙인지도 모르겠다.

그렇다면 진정한 성공은 무엇일까? 한순간의 눈부신 승리에 머물지 않고 최후까지 승리의 왕관을 지켜내는 것이다. 더 나아가, 정말로 어려운 것이 하나 더 있다. 기나긴 승부에서 '지지 않는 태도'를 갖는 것이다. 최고의 군대는 기세가 꺾인 상황에서도 쉽게 실망하거나 포기하지 않는다. 무너져 내리지 않고 끝까지 전쟁터를 지켜낸다. 세력이 약해졌을 때, 그 군대의 진정한 저력과 강인함이 드러난다. 강한 군대는 기세가 꺾여도 아랑곳하지 않고 끝내 패배하지 않는다.

　스포츠에서도 마찬가지라고 생각한다. 진정한 에이스는 컨디션이 좋을 때 공을 잘 던지는 투수가 아니다. 오히려 컨디션이 최악일 때도 패배하지 않는 투수, 멋지게 삼진을 잡지는 못하더라도 끝내 점수를 내주지 않는 투수를 에이스라 칭한다. 사람들은 이기는 방법에 대해서만 열광해왔지만, 진정 강한 것은 '끝까지 지지 않는 힘'인지도 모른다.

　한국인은 오랜 역사를 통해 진정한 강함이 무엇인지 보여주었다. 한국이 전쟁에서 압도적으로 승리한 적은 별로 없지만, 패배가 예측되는 상황에서 '당장 죽어도 좋다.'는 자세로 덤벼들어 결국 승부를 뒤집어낸 경험이 많다. 치열한 전장에서 단 한 발짝도 맥없이 물러난 적이 없다. 칭기즈칸이 유일하게 정복하지 못한 민족이 한민족 아닌가? 그들이 유일하게 자치권을 인정한 나라가 바로 고려였다. 일제 강점기에도 한민족은 만주와 러시아, 동남아시아 등지에서 치열하게 독립운동을 펼쳤다. 심지어 먼 아메리카 지역에서도 군사훈련을 하며 일본의 속국임을 거부했다. 아무리 기세가 꺾여도 전열을 재정비해, 결국 우리가 강인한 한국인임을 전 세계에 주지시켰다.

강함은 이기는 힘이 아니라, 지지 않는 힘으로 결정 난다. 인생이라는 마라톤에서는 순간적으로 앞서나간 자가 아니라 더 오래 더 멀리, 그리고 쉼 없이 달린 자가 최후의 승자가 된다. 이기겠다는 목표보다 강한 것은 바로 지지 않겠다는 신념이다.

지지 않기 위해서는 끊임없이 실패를 곱씹어야 하고, 삶에 방심하지 않고 긴장해야 한다. 어려운 순간을 당연하게 여기고, 언제라도 벼랑 끝에서 길을 찾아야 한다. 이 모든 것은 단단하게 단련된 강한 근성에서 만들어지며, 결국 삶을 지탱하는 든든한 버팀목이 된다.

도망가지 말고 맞서라

이것이 필자가 한창우 회장의 이야기를 소개하기로 마음먹은 이유다. 필자가 한창우 회장의 신념과 인생에서 발견한 것은 바로 한국인이 가진

'지지 않는 힘'이었다. 다른 말로 '곤조'다. 그의 삶에는 지지 않겠다는 강한 곤조, 즉 근성이 자리 잡고 있었다. 그는 눈앞의 승부에서 이기겠다는 단기적 목표가 아니라, 인생에 지지 않겠다는 장기적 의지로 살아온 사람이다. 지지 않는 힘이 결국 그를 승자로 만들었다고 본다.

필자는 이 책을 통해 그 강함의 실체를 전하고 싶었다. 한창우 회장이 필자에게 전한 강함의 자격이자, '지지 않는 힘'의 조건은 5가지였다.

— 투혼 : 운명을 마주하는 자세
— 사명감 : 리더십의 근간
— 독보적 실력 : 승자가 될 자격
— 박력 : 전력을 배가시키는 기운
— 인망 : 세상과 사람을 이끄는 매력

한창우 회장은 인생 최대의 시련기에 헤밍웨이의 《노인과 바다》를 만났다고 했다. 필자는 이 이야기를 자서전에서 읽고 재차 회장에게 질문했다. 수많은 책 중에 왜 하필 헤밍웨이인가? 그러자 《노인과 바다》에 나온 아래의 구절만큼 인생을 잘 표현한 말이 없었다는 대답이 돌아왔다.

"이것은 신이 준 시련이다. 다른 사람의 손을 빌리는 것은 신에 대한 모독이다. 혼자 힘으로 해야 한다."

그것은 어쩌면 불교에서 말하는 제행무상諸行無常, 제법무아諸法無我, 열반적정涅槃寂靜의 경지가 아닌가 싶다. 탐욕도 노여움도 어리석음도 소멸된 평온한 상태. 모든 것을 비운 채 바라보는 세상.

인생의 시련과 운명의 고통은 스스로 이겨내야 한다. 누군가 나를 대신해 고통의 십자가를 질 수도 없거니와 그렇게 해서는 이겨낼 수도 없다. 자신이 먼저 강해지지 않고는 시련을 감당할 수 없다. 한국인은, 기쁨은 함께 나누더라도 슬픔은 혼자 삭이고 이겨내는 민족이다.

필자는 한창우 회장을 만나기 전까지 이런 모습을 '근성'이 아니라, 단순히 한국인의 '정서'로만 읽었다. 하지만 한국인은 고통과 시련을 홀로 삭이는 정서에 머물지 않고, 운명에 지지 않는 인고의 근성으로 정신을 단련하고 승화시켰다. 이렇게 한 사람 한 사람이 스스로 강해져서 살았기에 한민족은 성공한 민족으로 세계 속에 우뚝 설 수 있었다. 한창우 회장의 현재는 바로 그러한 모습의 한 부분이기도 하다.

이 책을 통해 독자 여러분께 전하고 싶은 메시지는 단순하다. 이제 그만 '운명'에서 벗어나라는 것이다. 지금 겪고 있는 절망과 고통은 눈부신 미래에 다가가기 위해 누구나 일순간 거쳐야 할 과정에 불과하다. 터널 끝에 밝은 미래가 있지 않은가? 우리가 가진 본연의 근성을 가슴속에서 다시 점화해보길 바란다.

안타깝지만, 인생이라는 전장에서 나 자신 외에는 어느 누구도 나를 도와줄 수 없다. 결국 홀로 맞서서 이겨내야 한다. 진정으로 강한 자는 두렵더라도 도망치지 않고 홀로 맞서는 자다. 한창우 회장의 인생이 그것을 증명하고 있다. 어려울수록 강해지고 어려울수록 더욱 노력하는 사람이 결국은 성공한다는 단순한 진리 말이다.

이런 이유로 한창우 회장의 이야기를 쓰고자 했지만, 마음 한편에는 부담이 없지 않았다. 한 개인의 인생을 마치 다 아는 것처럼 정리하는 것이, 오히려 그분에 대한 예의가 아닐 수도 있겠다는 생각이 들었기 때문이다. 한창우 회장 또한 자신의 이름과 이야기가 세상에 알려지길 원하지 않았다. 명성은 헛된 것이라 여기기 때문이다.

도쿄 역 바로 옆에 위치한 마루한 도쿄 본사에는 그를 모델로 드라마나 영화, 소설을 만들겠다며 찾아오는 사람이 수없이 많지만 한창우 회장은 모두 거절했다. 그럼에도 그는 필자에게 감사하게도 이 책의 집필과 출간을 허락해주었다. 필자는 한창우 회장의 가족도 아니고, 일면식도 없는 사람이다. 한창우 회장의 입장에서 본다면 번거롭고 귀찮은 사람에 불과했을 것이다. 그를 찾아와 애걸하는 수많은 사람들과 마찬가지였을지도 모른다. 당연하게도 필자의 집필 제안에 처음에는 수락하지 않았다. 필자는 한창우 회장에게 이러한 이야기로 다시 요청했다.

"삶이 어려운 젊은이들에게 '벼랑 끝에서 살아온 인생'을 알려주고 싶습니다. 저는 손정의 회장의 책을 출간했지만, 아직 못 다한 성공자의 이야기가 많습니다. 인생 역전의 표상이신 회장님의 책을 꼭 내고 싶습니다."

필자의 무모한 청을 전해 듣고 며칠 후, 한창우 회장은 자신과 관련된 자료를 보내주었다. 한창우 회장은 지극히 인간적인 모습 또한 갖추고 있었다. 그는 강한 에너지만 가진 것이 아니라, 그와 똑같은 무게로 타인에 대한 배려와 이해심을 가진 사람이었다.

하지만 원고를 쓰는 과정은 순탄치 않았다. 차일피일 진행이 지체되기도 하고 예상치 못했던 어려움도 많이 겪었다. 숲을 보아야 하는가, 나무를 보아야 하는가 고민했던 적도 많았다. 더구나 쉽게 만날 수 있는 분이 아닌 까닭에 취재도 원활하지 못했다. '진퇴양난'이란 말과 함께 저절로 한숨이 나오는 날도 많았다. 원고의 집필과정에서 불필요한 오해를 사기도 하는 등 몇 날 며칠을 뜬눈으로 지새우며 고민하기도 했다. 그러나 과정은 어려워도 인고의 시간은 더 좋은 결과로 세상을 밝게 한다고 믿음을 버리지 않았다. 결국 5년이 넘는 시간을 매진한 끝에 원고를 완성했다.

한창우 회장의 인생을 담아 썼지만, 이 책은 어디까지나 한창우 회장 개인이 아니라 독자들을 위한 것이다. 유명인이나 성공자의 이야기는 단지 모티브일 뿐이다. 놀라운 삶의 이야기와 함께, 그가 우리에게 전하는 메시지를 읽어주기 바란다. 책은 작가의 손을 빌리지만 책이 작가를 떠나면 독자의 판단으로 남는 것이다.

무엇보다도 성공과 재기를 꿈꾸는 수많은 젊은이들이 괴로운 현실에 허우적거릴 때 작은 희망이 되기를, 한 줄기 위안과 격려와 토닥거림을 주는 글이 되기를 바라는 마음이다. 아무리 어렵고 힘들어도 세상은 살 만한 가치가 충분히 있음을 다시 한 번 강조하고 싶다. 오늘도 어딘가에서 좌절하고 절망하는 이들, 희망을 찾고자 하는 이들에게 전하고 싶은 이야기가 되었으면 한다.

2015년 봄,
도쿄에서 주리樹里

한창우 회장을
'지지 않는 사람'으로 만든
5가지 힘

1. 하고자 하는 일을 정했다.

2. 목표가 정해지면 구체적으로 성과를 이루었다.

3. 행동으로 반드시 옮겼다.

4. 신념과 자신감을 구축하여 나약함을 극복했다.

5. 문제가 발생하고 장애에 직면해도 포기하지 않았다.

1
싸우지 않으면 이길 수 없다

운명을 마주하는 자세, 투혼

鬪魂

"
커다란 코끼리가
조그만 말뚝에 가는 줄로 매여 있어도
꼼짝 못하는 것은
스스로 할 수 없다고
자포자기했기 때문이다.
"

한창우 회장이 가장 싫어하는 태도는 현실에 대한 '체념'이다. 우리가 인생에서 맛보는 실패는, 실제로 해봤는데 안 된 것보다 아예 시도조차 해보지 않은 것에서 오는 경우가 더 많다. 긍정적인 상황에서는 별로 생각하지 않던 '운명'이, 유독 부정적인 현실에 맞닥뜨리면 머릿속을 가득 지배한다. 어려울 때 흔히 우리는 "모든 것은 팔자소관이다. 운명에 맡기겠다."는 말로 패배적인 태도를 보이지 않는가? '위기'가 오면 곧바로 '체념'으로 이어지는, 너무나도 단순한 생각구조다. 삶의 무게를 걸고 벌이는 승부에서 어찌 그리 나약한 논리를 펼 수 있단 말인가?

인간이란 본래 나약한 존재인 것은 사실이지만, 그 나약함에서 자신의

운명을 마주하는 자세, 투혼

의지로 벗어날 수 있는 것 또한 인간이다. 그 방법을 안다면 조금은 덜 힘들게, 그리고 조금 더 빨리 시련을 극복할 수 있다.

필자가 한창우 회장에게 가장 묻고 싶었던 질문 또한 '고난과 시련을 어떻게 극복했는가?'였다. 그의 대답은 실로 간단했다.

"고통스러운 순간일수록 자신 어깨를 묶고 있는 줄의 본질부터 살펴보라!"

실상은 가느다란 실에 불과한데 끊을 수 없는 철근이라고 지레짐작하고 있는 것은 아닌지 의심해보라는 말이었다. 동시대를 살아가는 모든 부모들, 자녀들에게도 전하고 싶은 말이다. 도무지 조금도 인내하지 못하고 곧바로 답을 얻으려는 다급함, 그러다 자기 분에 못 이겨 삶을 포기하는 일도 비일비재한 세상이다. 그러한 인생의 책임자는 과연 누구인가?

'모 아니면 도'라는 발상의 결과가 극단적으로 표현되는 일도 흔하다. 기성세대를 향한 이유 없는 반발, 정부와 기업을 무조건 적대시하는 사회 분위기는 한국을 진정한 선진국으로 도약하지 못하게 하는 아킬레스건이 아닐까? 물론 그중에는 정당한 문제제기도 있겠지만, 그 안에 모든 책임을 남에게 돌리고 자신의 나약함을 부정적으로 표출하고 있는 것은 아닌지 생각해볼 일이다.

인생을 운명에 맡기지 마라

한창우 회장이 운명을 대하는 자세는 한마디로 '주어진 삶에 전심전력의 노력을 기울이고, 현실에 최선을 다하는 것'이다. 흔히들 자신에게 닥친 현실을 곧 자신의 운명이라고 생각한다. 운명을 탓하며 그 뒤로 숨고 싶은 것이다. 그러나 이는 큰 착각이다. '현실'과 '운명'이 어떻게 다른지는 한창우 회장의 인생을 보면 확연하게 알 수 있다.

1945년 8월 15일, 일제 치하에서 벗어나 해방을 맞았지만 가난한 한민족의 삶에서 나아진 것은 그리 많지 않았다. 좌우의 대립은 갈수록 격화되고, 온갖 어려운 일들이 끊이지 않았다. 한창우 회장의 가족도 여전히 어려운 환경에서 하루하루 연명하는 소작농으로 살았다. 내일은커녕 당장 오늘조차 감당하기 힘든 지경이었다고 한다. 이것이 당시 한창우 회장에게 주어진 현실이었다.

불안하고 힘겨운 현실에서 앞으로의 인생이 어떻게 흐를지는 아무도 예측할 수 없었다. 만약 그가 시대를 원망하기만 하고 운명이라며 체념하기만 했다면, 그 역시 아버지의 뒤를 이어 소작농이 되었을 것이다. 당연히 가난에서 벗어나지도 못했을 것이다. 한창우 회장은 그 당시를 회고하며 이렇게 말했다.

"그대로 한국에 있었다면 아마도 굶어 죽었을 것이다."

그러나 현실이 그렇더라도 운명이 어떻게 펼쳐질지는 아무도 예측할 수 없다. 더욱이 우리는 미래를 예측할 수 없다. 그러기에 운명이라는 단어는 그 자체로 매우 추상적이고 관념적이다. 현실이 우리 눈에 보이는 구체적 상황이라면, 운명은 형이상학적인 개념이다. 따라서 현실을 제대로 보라는 것은, 추상적인 운명을 점치라는 말이 아니다. 자신의 발등에 떨어진 구체적인 상황에 집중하라는 의미다. 약한 자는 체념과 변명의 도구로 운명을 거론하지만, 강한 자는 극복이라는 단어를 운명에 사용한다.

고대 로마제국의 철학자 세네카의 어록에 이런 말이 있다.

"운명은 사람을 차별하지 않는다. 사람 자신이 운명을 무겁게 짊어지기도 하고 가볍게 지기도 할 뿐이다. 운명이 무거운 것이 아니라 사람이 나약한 것이다. 내가 약하면 운명은 그만큼 무거워진다. 특히 비겁한 자는 운명이란 덫에 걸려 헤어나지 못한다."

이 말은 무슨 뜻인가? 자신이 약한지 강한지에 따라서 인생도 얼마든지 뒤바뀔 수 있다는 의미다. 인생은 결코 정해진 것이 아니라, 항상 변화하고 진화한다. 그리고 무엇보다 구체적이고 생생하다. 인생의 변화무쌍한 역동성을 바탕으로 우리는 어떤 어려움이라도 극복할 수 있다. 물론 그러기 위해서는 강한 힘이 필요하다. 필자는 이런 힘을 '투혼鬪魂'이라

정의하고 싶다.

투혼이란 단어는 '끝까지 투쟁하려는 기백'을 말한다. 주어진 인생에 끝까지 맞서겠다는 의지는 관념 속의 운명보다 강하다. 설령 지는 한이 있더라도 맞서 싸워야 인생이 펼쳐진다. 그저 이기고 지는 것을 떠나, 모든 장벽을 밀어내겠다는 강력한 의지가 바로 투혼이다. 삶을 대할 때 이처럼 강한 면이 없다면 현실을 극복하는 것 또한 어려울 수밖에 없다.

운명에 맡긴다는 것은, 인생을 그저 수수방관하겠다는 포기선언일 뿐이다. 스스로 싸워본 사람만이 인생 앞에서 고개를 똑바로 들 수 있다. 그리고 이것이 바로 투혼의 힘이다. 다르게 말하면 개척의 정신이기도 하다. 한국인의 근성 안에는 투혼이 담겨 있다. 전문가들은 이 힘을 한국인의 저력이라 부른다.

쇠는 두드릴수록 더 단단해진다

삶은 생존을 놓고 싸우는 정글과 같다. 이곳에서 우리는 맨몸으로 부딪치고, 가진 힘을 다 끄집어내 겨루며 살아간다. 세상이 놓은 그 어떠한 덫에도 호락호락 당하지 않겠다는 심정으로 발악하듯 살아야 이 거친 정글에서 생존할 수 있다. 그것이 인생이다. 이곳에서 진정으로 위력을 발휘하는 것은 혼신의 힘을 다하는 투혼뿐이다.

혼신의 힘을 다하려면, 우선 자신 앞에 놓인 어려움의 실체부터 제대로 봐야 한다. 자신의 어깨를 묶고 있는 줄이 가느다란 종이끈인지 두꺼운 철근인지부터 살펴보라. 실체를 제대로 파악했다면, 앞으로의 인생을 잘 이끌어갈 수 있다. 근원적인 이유와 힘을 갖출 수 있기 때문이다.

'지금 여기에 그대로 있다가는 대학에도 못 가고, 일자리도 구하기 힘들 것이다.'

당시 한창우 회장에게 닥친 현실은, 해방 전후의 지독한 가난과 불투명한 미래였다. 누구에게도 결코 녹록치 않는 현실이었다. 그는 자신이 시대를 잘못 만났다는 현실을 직시했다. 그러나 그렇다고 해서 억울하다고 한탄하면서 가난한 소작농의 길을 걷다가 훗날 "내게는 기회가 없었다."고 변명하는 삶은 살고 싶지 않았다.

그에게 가난보다 더 두려웠던 것은 체념과 원망이었다. 자신이 현실을 원망하고 부모를 탓할까 두려웠다. 가난과 어려움이 닥치면 대부분의 사람들은 어떻게든 다른 사람에게 책임을 지우려 한다. 남의 잘못을 먼저 타박하고 비난한다. 그러나 인생의 고통은 자타 구분 없이 언제나 닥쳐올 수 있다. 고통의 시기를 남의 탓만 하며 보내는 것은 무의미하다. 그럴 시간에 현재 닥친 고통의 상황을 정확하고 객관적으로 바라보고 판단해야 한다. 그리고 그 상황을 최대한 지혜롭게 타개해야 한다. 문제 상황에서 어떻게 대처하느냐에 따라 인생은 와르르 무너질 수도 있고 오히려 한 단계 더 발전해 강해질 수도 있다. 니체는 이렇게 말했다.

"나를 죽이지 않는 모든 것은 나를 더욱 강하게 만들 뿐이다."

그 어떤 고난도 살아만 있다면 극복할 수 있다.

한창우 회장은 남을 탓하거나 비탄에 빠져 체념하는 대신 현실을 직시했다. 밀항선에 오를 때 당장 발각될지 모른다는 불안과 공포도 있었겠지만, 동시에 희망을 느꼈을 것이다. 생의 막다른 골목까지 자신을 밀어붙이는 결정을 내리기에 열여섯이라는 나이는 너무 어렸지만, 한창우 회장은 밀항선 안에서 자신의 어깨에 얹어진 운명의 정체를 보았다. 어쩌면 평생 어깨를 짓누를 수도 있었던 가혹한 현실의 굴레를 그는 자신의 의지로 기필코 끊어냈다.

한창우 회장의 삶은 눈앞에 닥친 현실을 극복하는 헝그리 정신을 잊지 말 것을 권한다. 지금의 경제적 어려움이 누구의 책임인지 따지고 비난해 봐야 아무 소용없다. 자괴감에 빠지는 것 역시 현실을 바꾸는 데 아무런 도움이 안 된다. 오히려 실패의 구렁텅이로 몰아넣을 뿐이다. 또한 그의 삶은 인생 앞에서 약한 틈을 보이지 않고, 이를 더욱 악물며 덤벼들어 극복하는 도전정신을 잘 보여주고 있다.

성실하게만 일한다면 학력보다 실력이 먼저다

한창우 회장은 무엇 하나 호락호락하지 않은 상황을 딛고 성공을 거두었다. 그 과정에서 어쩔 수 없이 차별도 감내해야 했다. 자신의 고난을 대물림하지 않기 위해서일까, 한창우 회장은 직원들을 대할 때 가급적 차별을 없애고 성장할 기회를 많이 제공하고자 최선을 다한다.

마루한은 직원들에게 많은 배움과 성장의 기회를 주는 것으로 일본에서도 인정받고 있다. 비정규직과 아르바이트생에게도 예외가 없다. 기혼여성에게도 차별은 없다. 일례로 마루한은 초창기부터 주부 사원의 편의를 위해 사내에 어린이 놀이방을 개설하기도 했다고 한다. 이렇듯 한창우 회장은 그 어떠한 차별이라도 일단 거부하고 시작한다.

일본에서 학력이나 경력보다 실력을 우선으로 하고 아르바이트생과 주부 사원에게도 균등한 기회를 주는 회사는 흔치 않다. 특히 일본의 사회적 분위기를 보면 여성 국회의원 수가 다른 나라에 비해 눈에 띄게 적으며 여성의 사회 참여도 그다지 적극적이지 않은 편이다. 그럼에도 불구하고 파격적으로 여성 직원을 대우하고 배려하는 점에서 필자는 마루한을 높이 본다.

일본은 높은 물가 때문에 주부들이 아르바이트를 많이 한다. 편의점, 세탁소, 부동산, 슈퍼마켓 등에서 대개 1시간당 1,000엔을 받고 하루에 4~5시간을 일한다. 1주일 꼬박 나가도 3만 5,000엔, 한 달을 계산하면 15만 엔 정도의 적은 금액이다. 대다수의 일본 주부들이 이러한 형태로 맞벌이를 하며 가사를 병행하고 있다. 더구나 아르바이트는 언제 해고될지 모르는 불안정한 위치인 것이 사실이다. 이직도 잦다. 그러한 가운데 마루한의 직원에 대한 처우와 복지제도는 획기적이며 높이 인정해줄 만한 제도라고 생각한다.

이와 함께 마루한에는 학력 차별도 없다. 성실하게만 일한다면 학력보다 실력을 중시하는 것이 한창우 회장의 가치관이다.

"현대그룹의 고故 정주영 회장은 초등학교만 나왔고, 파나소닉의 마쓰시타 고노스케 회장 역시 학력이 낮다. 스티브 잡스와 빌 게이츠, 마크 주커버그 등도 모두 대학 중퇴자다. 배우지 못한 사람들 중에서 성공한 이들이 한둘이 아니다. 학력이 낮아도 부자가 된 사람이 많다는 사실은 누구나 알고 있을 것이다."

한창우 회장은 사람을 학력과 조건에 따라 차별하는 것은 전근대적인 인재양성 방식이라고 평한다. 헤드헌팅을 통해 소위 스펙이 좋은 경력자를 채용하는 미국식 고용 형태는 이제 미국에서조차 폐기되는 추세다. 한때 미국식 선발제도를 추종했던 일본에서도 이에 대한 반성의 목소리가 커지고 있다. 연세대 경영학과 정동일 교수는 자신의 책《신한은행 방식》에서 다음과 같은 분석을 소개한다.

"1990년대 중반 이후 닛산 차에 대한 불만의 소리가 높아지면서 소비자들의 외면을 받게 된 근본적인 이유 중의 하나로, 많은 전문가는 도쿄대학 출신의 엘리트만 선호하는 이들의 채용 정책을 꼽고 있다."

벼랑 끝의 시련이 전화위복의 기회로

이처럼 마루한의 인사정책은 한마디로 '인재선발'보다는 '인재육성'에 초점이 맞춰져 있다. 스펙이 화려한 경력자를 고르기보다는 선발한 다음에 마루한의 인재로 키워나가는 방식이다. 한창우 회장은 왜 선발이 아니라 육성에 중점을 두는 것일까? 왜 높은 학력을 기준으로 편리하게 직원을 선발하지 않았을까? 이 역시 그의 인생관과 신념에서 해답을 찾을 수 있다.

"세상 어디를 가도 편견이나 차별은 있게 마련이다. 그런 것들에 좌절하거나 마음 상하지 않는 거목이 되어야 한다. 우리는 무수히 많은 차별과의 싸움을 통해 성장해 나간다."

그의 인생사를 보면 무수히 많은 차별을 겪어왔음을 알 수 있다. 일제시대 식민지 국가에서 유년시절을 보냈고, 밀항해서는 한국인이라는 이유로 차별을 받았다. 성공은커녕 취업조차 할 수 없었으며 은행에서는 한국인이라는 이유로 융자를 해주지 않았다. 한국인 이름을 사용하면 시험에서 낙방시킨다는 소문이 돌던 당시에는 일본의 분위기가 그랬다.

그것은 비단 한창우 회장만의 이야기가 아니다. 많은 재일교포가 겪었던 문제이기도 했다. 세상은 종종 다르다는 이유로 차별을 한다. 일본인은 자신과 다르다는 이유로 한국인을 차별했고, 해방 후 좌우의 대립 속에서는 자신과 다른 이데올로기를 가졌다고 서로를 적대시했다.

차별은 부당하다. 차별이 없어져야 하는 것은 당연하다. 하지만 차별이 없는 세상은 현실에 없다. 어느 나라, 어느 시대든지 차별은 존재해왔다. 그것은 세상에 같은 사람만 있지 않기 때문이다. 비근한 예로 미국이 노예해방 후에 인종차별을 없앴다고는 하지만 미국 내의 인종차별 문제는 아직도 사라지지 않았다.

사람에게는 본능적으로 '다름'에 대한 두려움과 그것을 배척하려는 마음이 있다. 다름을 용인하는 여유를 갖기란 쉽지 않다. 진정으로 강한 자들은 다름을 용인한다. 근성이 강하고 품격 있는 사람들은 다름을 억압하지 않는다. 하지만 약한 자들은(자신들은 강자라고 생각한다. 과연 그럴까?) 자신의 조그만 기득권을 지키기 위해 다름을 이유로 차별한다. 어느 시대나 근성이 약한 사람들이 차별을 무기로 사용해왔다.

세상에 강한 근성과 높은 품격을 갖춘 자들만 있다면 얼마나 좋을까. 하지만 근성이 약하고 사악한 사람도 존재하는 게 세상이다. 그러기에 차별은 항상 존재한다. 다만 자신의 약한 근성을 방어하기 위해 휘두르는 차별이라는 무기는 오래가지 못한다. 따라서 우리는 어느 정도의 차별은 항상 존재한다는 것을 받아들이고 감내해야 한다. 그 시간을 분노로만 채우는 것은 부질없고 어리석다. 분노로 시간을 보내기에는 인생이 너무 아깝지 않은가? 오히려 그 시간을 성장의 기회로 삼아야 한다.

한창우 회장은 숱한 차별 앞에 분노하며 주저앉기보다는 돌파구를 찾아내고자 노력했다. 차별하는 사람들을 원망하기보다는 자신의 강한 근성으로 그 시련을 이겨냈다. 그리고 스스로 강해진 뒤에는 자신의 기업에서만큼은 어떤 차별도 없애려고 노력했다. 가슴 아픈 차별의 경험을 뼈저리게 되새기면서 말이다. 이러한 관용의 미학이 강한 기업을 만드는 힘이 되었음은 물론이다.

불운을 두려워하기보다는 도전하고 뛰어넘자. 이것이 강한 사람이 살아가는 방식이다. 어차피 언젠가는 끝날 인생이라고 생각하는 순간, 배짱이 생기면서 반전이 시작된다. 차별을 이겨낸 자, 눈물과 한숨으로 하루를 견뎌내고 그럼에도 불구하고 정상을 향한 희망과 꿈을 품은 자, 차별로 얼룩진 삶 앞에서 생존을 부르짖는 자에게 새로운 길이 열린다.

이때 차별은 인간을 단단하게 만드는 든든한 초석이 되기도 한다. 벼랑 끝에 서 있는 줄 알았는데, 오히려 예리하게 날을 세우고 다시는 부러지지 않는 내면의 단단함을 만들어주니 말이다. 억울하게만 여겼던 차별이라는 시련이 오히려 전화위복의 기회가 되는 것이다.

무지개를 좋아하려면 비부터 좋아하라

사실 자기보다 높은 사람에게 아부하는 것과 반대로, 약한 사람에게 이유 없이 가해지는 집단 이기주의가 바로 차별이다. 한 명이 아니라 여럿이 어울려 괴롭히면서 결국 상대방을 극단적인 선택으로 내몰 수도 있는 나쁜 행위다. 집단 따돌림, 즉 '왕따'는 일본에만 있지 않다. 특히 한국의 인터넷 문화에는 종종 심각한 마녀사냥이 벌어져 사람들을 괴롭히고, 진실과 거리가 먼 헛소문이 유포되기도 한다. 인간의 이런 나쁜 버릇들은 동서고금을 막론하고 늘 있었던 것 같다.

'로터리클럽'은 사회봉사와 세계 평화를 표방하는 실업가 및 전문직업인의 봉사단체로 전 세계 120여 개국, 120만 명이 회원으로 활동하는 100년 이상의 전통을 가진 국제적인 클럽이다. 필자도 한국과 미국 로터리클럽에 소속되어 있으며 일본 단체에도 속해 있다. 한창우 회장의 자서전을 읽다 보니 로터리클럽과 관련해 필자와 같은 경험을 한 적 있음을 알 수 있었다. 과거 일본 로터리클럽에서 모두 활동에 제약을 받았다는 사실이다. 한창우 회장은 아예 입회를 거부당했고, 필자는 회원들에게 따돌림을 당했다. 이유는 짐작하다시피 한국 출신자이기 때문이었다.

필자는 따돌림이 계속되자 회원들을 향해 분노한 기억도 있다. 하지만 한창우 회장은 그때 거부당했던 일이 오히려 성공해야겠다는 각오를 더 단단하게 다지고 마음을 굳게 먹게 된 계기였다고 한다. 지금은 필자도 그때의 일을 전화위복의 전환점으로 삼아 활동을 계속하고 있다. 한창우 회장도 로터리안이며 필자 역시 로터리 회장까지 하게 되었다.

이처럼 인간에게 '차별'이라는 끊기 힘든 나쁜 버릇들이 늘 있다고는 하나, 땅은 비 뿌리는 하늘을 원망하지 않는다. 대신 떨어지는 빗방울을 온몸으로 받아들이고 자신의 품에서 생명을 키워낸다. 좋지 않은 환경은 사람을 더욱 성숙하게 한다. 지켜주는 우산 없이 어렵게 자란 아이들은 유복한 환경에서 큰 아이들보다 대체로 더 성숙하다. 양지의 나무는 빨리 자라지만, 음지의 나무는 단단하게 자란다. 차별당한다고 분노하거나 원망하는 건 어리석은 일이다. 비 정도는 맞아도 된다. 그렇다고 세상이 무너지는 것도 아니니 말이다. 이후에 더 나은 미래를 준비하면 된다. 소설가 파울로 코엘료는 이렇게 말했다.

"무지개를 좋아하려면 비부터 좋아하라."

분노와 저항은 다른 개념이다. 분노가 감정적으로 화를 내는 것뿐이라면, 저항은 어려움을 이겨내는 실천적 행동을 뜻한다. 한창우 회장은 후배들에게 어려운 상황에 대해 분노하는 데 그치지 말고 저항하라고 당부한다. 가난이나 부족한 스펙 때문에 성공하지 못한다며 분노하는 것은 스스로 '나는 이 정도밖에 안 된다.'고 비하하는 무책임한 행동이다. 자신의 근성이 나약하다는 사실을 인정하는 것밖에 되지 않는다. 분노와 원망을 이겨낸 자가 진정으로 강해지는 법이다. 요즘처럼 쉽게 좌절하고 포기하는 사람이 많을 때일수록, 어려움을 극복한 성공자의 인생 이야기가 더욱 필요하다.

즐겁기만 했던 8시간의 등하굣길

그렇다면 고통으로 얼룩진 인생의 단락마다 우리는 어떻게 살아야 하는가? 한창우 회장은 먼저 미래를 꿈꾸라고 말한다.

"부자가 되고 싶다면 부자가 되는 꿈을 상상하고 그려라! 꿈을 생생하게 그리면 현실이 된다."

뇌 과학자들에 따르면, 인간의 뇌는 현실과 환상을 구별하지 못한다고 한다. 인식체계 안에서 현실과 상상을 구분하지 못하기 때문에, 자신이 상상하는 환상이 언젠가는 현실에 대한 믿음으로 승화되고, 그 믿음이 원동력이 되어 미래가 만들어진다는 이론이다. 반대로 아무리 노력해도 부자가 되지 못할 거라는 부정적인 인식은, 스스로를 위축시켜 가난에 머물게 한다. 가능한 일조차 스스로 불가능하게 만들어버리는 것이다.

부자가 되는 비결은 부자가 될 수 있다는 적극적이고 긍정적인 믿음에서 출발한다. 어둠이 밀려오면 촛불을 켜듯, 희망적인 태도를 가지는 게 중요하다. 지난날의 한창우 회장도 그러했다.

한창우 회장이 16세의 나이로 일본에 건너왔을 때, 그는 극도의 가난을 견디며 하루하루를 버텨야 했다. 그럼에도 불구하고 그는 이렇게 외쳤다고 한다.

"그래도 나는 부자다. 아직 이루어지지 않았을 뿐이다!"

춥고 배고팠던 시절에도 그는 이미 더 나아질 자신의 미래를 상상하며 위안을 삼았다. 그런 그는 훗날 자신의 상상을 현실로 만들어냈다. 여기까지는 대개의 성공한 사람들이 할 수 있는 말이다. 하지만 한창우 회장은 여기에 한 가지 당부를 덧붙인다. 바로 꿈을 꾼 다음의 행동이다.

"성공하려면 꿈만 꾸는 것으로 부족하다. 꿈을 이루고 실현시키기 위해서는 다시 현실을 직시해야 한다."

꿈만 꾸는 것은 몽상에 불과하다. 환상에 사로잡혀 있기보다, 꿈을 이루려는 행동이 필요하다. 꿈을 꾼 사람에게 필요한 것은 그 꿈을 이루기 위한 노력과 실행이다. 꿈꾼 뒤의 인생은 더 치열해져야 한다.

일본에 온 후 한창우 회장은 배움에 대한 갈증이 점점 더 커져갔다. 그리고 성공하려면 공부를 더 해야겠다는 생각이 간절했다. 생면부지의 일본 땅에서 대학에 진학한다는 것은 도저히 불가능해 보이는 도전이었다. 그러나 진인사대천명이라고 했던가. 배움에 대한 열망을 놓지 않았던 그는 결국 자선단체의 도움을 얻어 대학에 진학할 기회를 잡았다. 그가 진학한 호세이 대학은 한창우 회장이 살던 곳에서 왕복 8시간이나 걸렸지만, 원하던 공부를 할 수 있게 된 그에게는 아무런 문제도 되지 않았다.

그는 하루에 2시간만 자고 필사적으로 학업에 매진하며 그 누구보다 뜨거운 청춘을 보냈다.

필자의 지인 중에도 비슷한 이가 있다. 주일 파푸아뉴기니 대사인 가브리엘 두샤바는 원주민 출신으로 수상까지 오른 입지전적인 인물이다. 현재는 일본 대사로 와 있는데, 그 또한 초등학교 때 왕복 5km 거리를 매일 맨발로 걸어 다녔다고 한다. 이후 그는 열심히 공부해서 변호사도 되었고 수상도 되었다. 그가 말하기를, 훗날 자신을 든든하게 이끌었던 것은 특출한 학력이나 지식이 아니라, 맨발로 학교를 걸어서 다녔던 어린 시절의 기억이었다고 한다. 이처럼 어려운 시절을 겪은 이들의 성공은 놀랍고 존경스럽다.

젊음은 약속된 시기가 아니다. 미래는 불투명하고, 도전은 무겁고 거추장스러운 짐처럼 느껴진다. 성공은커녕 자신의 약점과 미숙함만 불거져 나오기 일쑤다. 하지만 아직 지나온 시간 이상의 삶이 눈앞에 펼쳐져 있지 않은가. 갈 길이 멀다. 그러니 놓치고 지나가기 쉬운 인생의 기회들을 집요할 정도로 단단하게 붙잡아야 한다. 남은 인생을 위해서라면, 우리의 젊은 날은 좀 더 치열해도 된다.

가난을 절감하면서, 한창우 회장이 꾼 꿈은 부자가 되는 것이었다. 여러 장애물이 있었지만 그는 한 번도 나약해지지 않았고 포기하지 않았다. 그렇게 어려운 역경들을 극복하며 차츰 성공의 발판을 마련했고 차근차근 다가갔다. 인생에 배인 그 모든 노력의 흔적은 그에게 '다음'이라는 스텝을 허락해주었다.

추운 겨울을 견뎌야만 봄에 꽃이 피듯이

저온의 시기를 일정 기간 거쳐야만 꽃을 피우는 식물들이 있다. 생물학 용어로 '춘화현상'이라 하는데, 개나리, 튤립, 히아신스, 백합, 라일락, 철쭉, 진달래 등이 이에 속한다. 이 꽃들은 열대지방에서 자라지 못한다. 춥고 아린 겨울을 견뎌야만 봄에 꽃을 피울 수 있기 때문이다. 정녕 봄이 오는 것을 알고 겨울을 견디는 식물들이다. 우리의 인생도 이들 꽃과 같은 것 아닐까? 화려한 인생의 꽃은 혹한을 거친 뒤에야 비로소 꽃망울을 맺고 만개하는 법이다.

한창우 회장의 강인함은 '빈곤과 결핍'에서 비롯되었다. 그의 삶에는 당연히 있어야 할 것들이 너무 없었다. 하지만 그는 부족했기에 더 큰 에너지를 가질 수 있었다고 말한다. 한번은 한창우 회장이 일본 뉴오타니 호텔의 창업자, 오타니 회장의 메시지를 들려준 적이 있다.

"자신이 고생하면서 돈을 벌어본 적 없이 부모의 재산이나 다른 사람의 재산을 가지려고 하는 사람 중에 멀쩡한 사람은 한 명도 없다. 그런 사람은 사업을 해도 성공할 수 없다."

결핍을 느껴본 적 없는 사람은 성공할 수 없다는 주장이다. 그 말은 곧 결핍을 겪은 사람들이 오히려 성공 가능성이 더 높다는 의미가 된다. 결핍에서 출발한 사람이 성장의 기쁨을 더 크게 맛보게 되는 것은 물론이다.

결핍은 인간을 움직이게 하는 동력이다. 온실에서 자란 화초보다 야생에서 자란 들꽃의 생명력이 더 강인한 법이다. 프랑스의 계몽사상가인 루소는 가난한 집 아이와 부잣집 아이 중 누구를 가르치겠냐고 묻는다면, 자신은 부잣집 아이를 가르치겠다고 했다. 왜냐하면 가난한 집 아이는 이미 인생의 많은 것을 알고 있지만 부잣집 아이는 그렇지 못하기 때문이라는 것이다. 이 말 역시 같은 맥락이다. 우리는 부족하기에 알고 싶다는 의지를 갖는다. 미국의 심리학자 매슬로우에 따르면 인간은 선천적으로 부족한 것을 채우려는 '결핍동기'가 있다고 한다. 채우기 위해서는 학습해야 한다. 한창우 회장 역시 가난했기에 돈과 부의 흐름을 치열하게 공부했다.

미국의 대부호 카네기도 부자가 되기 위한 첫 번째 조건은 "가난한 집에서 태어나는 것."이라고 했다. 또한 어느 책에서는 "가난의 경험은 아무리 큰돈으로도 환산할 수 없는 가치를 가진 무형의 재산이다."라고 기술했다. 자신이 가지지 못한 것에 대해 슬퍼할 필요는 없다. 결핍은 긴 인생에 주어진 첫 번째 기회다. 목표가 분명하다면, 결핍 따위는 아무런 제약조건도 되지 못한다. 부족하기에 역경을 극복하는 힘이 생기고, 불굴의 의지가 나오는 것이다.

우리에게는 살면서 얻어야 할 것들이 더 많다. 부족하다고 한탄만 하거나 좌절하고 실망하며 비애에 빠져 산다면, 남아 있는 길고 긴 인생을 스스로 옭아매는 것과 같다. 세상에는 두 종류의 사람들이 있다. 결핍을 극복할 생각 없이 자포자기하는 사람과, 결핍을 교훈으로 딛고 일어서는 자다. 둘 중 어떤 사람이 되어야 하겠는가? 후자가 되어야 하지 않겠는가? 결핍의 고통을 기꺼이 견디는 사람에게는 분명히 결실이 다가온다.

마쓰시타 고노스케도 이렇게 말했다.

"가난했기에 감사하고, 못 배웠기에 감사하다."

사실 전 세계적으로 한국인만큼 결핍이 많은 민족이 없다. 알다시피 천연자원도 부족하고, 영토도 좁으며, 인구밀도도 높다. 하지만 그런 부족함이 오늘날 한국의 성장을 만들었다. 한국인이 영리한 이유는 부족한 것을 채우려는 강인한 의지와 헝그리 정신 때문이 아니었을까? 물론 좀 더 침착하고 여유롭고 관용적인 면을 키워나간다면 더욱 좋겠지만, 결핍을 극복하는 강인한 정신이 없었다면 지금의 성취조차 없었을 것이 분명하다.

물론 필자도 안다. '헝그리 정신'이란 단어는 지난 세대를 상징하는 말이고, 오늘날에는 그리 환영받지 못한다는 것을. 필자 또한 쉽게 버리고 새것을 사는 풍족한 시대를 살아왔다. 그러다 보니 헝그리 정신이 너무나 먼 단어처럼 느껴졌던 것도 사실이다. 그래서 한창우 회장을 만났을 때 다시 물었다. 오늘날 헝그리 정신이 어떤 의미가 있느냐고.

필자의 질문에 한창우 회장은 어려울 때 과거를 생각하고, 지금은 풍족하더라도 늘 절약하고 근검하면 좋겠다는 뜻을 전했다. 필자의 부모나 조부모들이 살았던 시대는 전쟁과 가난의 어려움을 겪었기에 절약정신이 몸에 배어 있었던 것이 사실이다. 가장 어려웠던 시절을 다음 세대들도 기억했으면 좋겠다. 그러나 언제 궁핍해질지 모른다는 염려가 지나쳐 앞으로 나아가기를 두려워해서는 안 될 것이다. 결핍을 기억하되, 결핍 속에 갇혀서는 안 된다.

행운은 필사적인 자를 따라온다

성공한 사람에게 '그저 운이 좋아서 성공했다.'는 말이 과연 올바른 평가일까? 어떤 부분은 약간의 운도 따랐겠지만, 그저 운이 좋아서 큰 성공을 거두는 경우는 거의 없다. 운이 좋았다는 말은 그 사람이 평생에 걸쳐 이룬 성공이라는 결실을 단순히 요행으로 치부하고, 그의 숨은 노고와 눈물 그리고 고통을 가볍게 여기는 평가다. 대부분의 성공은 성실과 노력의 결과물이다. 남들이 모르는 가슴 아픈 가난과 고독에서 시작되었을 것이다. 거저 얻어지는 것은 세상에 아무것도 없지 않은가?

그럼에도 필자는 모든 성공한 사람들에게 행운이 깃들어 있다고 생각한다. 물론 중요한 것은 그들이 가만히 앉아서 행운이 오기를 기다리지는 않았다는 점이다. 행운은 과일나무에 달린 열매처럼 누군가 따주기를 바라며 얌전히 매달려 있는 것이 아니다. 적극적으로 다가가고 필사적으로 노력해야 얻을 수 있다. 천신만고의 노력을 기울인 끝에야 아주 잠시 다가온다. 행운을 얻고 싶다면 기다리지 말고 적극적으로 다가가야 한다. 중간에 포기하지 말고 도전을 끝까지 즐기면서 말이다. 마지막 순간까지 포기하지 않고 매달리는 집념으로 스스로를 무장해야 한다.

한창우 회장은 대학 졸업 후 패션 공부를 하고 싶어 했다. 프랑스 유학을 꿈꾸던 한 회장은 유학 자금을 마련하기 위해 미네야마 초라는 시골마

을로 자형을 찾아갔다. 당시 그의 자형은 그곳에서 작은 파친코 가게를 하고 있었다. 앞서 말했듯이, 한국인에게 직장조차 허락하지 않은 극심한 차별 속에서 한국인이 궁여지책으로 할 수 있는 일은 식당이나 고물상, 파친코 운영 정도였다. 그 시절에는 고물상에 버려진 기계들을 재활용해서 만든 것이 파친코 기계였다고 한다. 어디에 데려다놓아도 끝끝내 자력으로 성공하는 한국인의 근성이 엿보이는 이야기다.

한창우 회장은 자형에게 간절하게 부탁했다. 당시 그의 나이는 고작 스물세 살이었다. 하지만 자형에게서 돈을 빌릴 만한 상황은 아니었다. 대신 그는 간곡하게 청해 그곳에서 일하며 돈을 모으기로 했다. 그리고 마침내 4년 후 그의 인생에 처음으로 행운이 다가온다. 적은 돈이지만 고정적인 수입이 생기고 그 돈을 차곡차곡 모으니 경제적으로 생활이 안정된 것이다.

하지만 그는 인생에서 안정과 안락은 '독毒'임을 잘 알고 있었다. 한창우 회장은 자신이 진정 원하는 것이 무엇인지 스스로에게 진지하게 물었고, 패션 공부보다는 가난을 극복하고 부를 창출해 널리 나누는, 진정한 의미의 사업가가 되기로 결심했다.

그래서 그는 다시 의지를 다잡고 자본을 모아 클래식 커피숍과 레스토랑 사업을 시작했다. 예술과 클래식에 대한 개인적인 애정이 깃든 사업이었다. 그는 자신의 첫 레스토랑을 열고 '루체'라고 이름 지었다. 추측건대 루체는 훗날 한창우 회장이 거대한 성공을 거두는 밑천이 되지 않았을까 싶다.

강자는 도전을 두려워하지 않는다. 매일매일 반복되는 승부에 지쳐 떨어져 나가지 않고, 주먹을 불끈 쥔 채 고단한 도전의 길을 계속 걷는다. 잠깐 동안 패배하는 경우가 있을지도 모르지만, 쉼 없이 도전하다 보면 언젠가는 결국 자신이 이길 것임을 알고 있기 때문이다. 그에 반해 약자들은 기나긴 승부에서 자신이 이길 것이라 감히 장담하지 못한다. 도리어 자신이 얼마 못 가 실패하고 포기할 것이라 지레짐작한다. 그래서 처음부터 도전 자체를 두려워한다. 그렇게 약자의 길을 반복하는 것이다.

약자들은 다음과 같은 특징을 갖고 있다.

— 결단력이 부족하다.
— 원하는 결과에 대한 확신과 신념이 부족하다.
— 행동으로 옮길 동기가 약하다.
— 뚜렷한 계획이나 목표가 없다.
— 구체적으로 무엇을 달성해야 하는지 모른다.

야구에는 구원투수가 있지만, 인생에는 구원투수가 없다. 인생의 모든 순간을 혼자 힘으로 헤쳐가야 한다. 승부의 갈림길에서 뜻한 바를 이루고 인생을 제대로 살고 싶다면, 목숨을 걸 각오가 있어야 한다. 사업도 마찬가지다. 끝까지, 필사적으로 세상과 부딪쳐야 한다. 이길 때까지 강하게 밀어붙이는 것이 바로 투혼이다. 인생에 주어지는 모든 행운은 투혼의 작은 열매일 뿐이다.

죽기 살기로 도전한 무면허 비행기 조종

아무리 필사적으로 인생길을 질주한다 해도 위기는 반드시 찾아온다. 삶에서 위기는 필연적으로 찾아오는 것이고, 어쩌면 성장과 발전을 돕는 필수적인 장애물이기도 하다. 그러니 위기를 피하기만 해서 해결되는 것은 아무것도 없다. 오히려 위기를 키울 뿐이다. 위기가 다가오면 먼저 침착하게 파악하고 끝까지 싸워야 한다. 그리고 어떻게든 극복해야 한다. 그래야 다음 인생이 순탄하게 펼쳐진다.

한창우 회장은 이렇게 주장한다.

"성공은 기술이나 지식이 아니라 위기를 극복하는 지혜와 의지다."

위기를 극복하는 과정에서 빛을 발하는 것은 인내와 노력, 근성이다. 그의 자서전을 보면 1967년, 한창우 회장은 볼링장 사업에 뛰어들었다. 당시 일본에서는 볼링이 국민적인 사랑을 받았다. 그런 흐름을 놓치지 않고 한창우 회장은 효고현 도요카에 16레인을 갖춘 최첨단 볼링장을 지었고, 다음 해에는 미네야마에, 2년 후에는 효고현 가이바라초에 연이어 매장을 열었다.

개장 초기에는 줄을 서서 입장해야 할 정도로 사람들이 붐볐다고 한다. 하지만 연이어 닥친 일본의 경기침체로 인해 타격을 받았다. 호황을 만끽하던 일본인들은 갑작스런 경기악화에 레저에 대한 소비부터 줄였다. 그 여파로 전국의 볼링장들이 파산하기 시작했다.

한 회장에게 닥친 엄청난 시련이었다. 현재의 엔화 가치로 천문학적인 빚이 그의 앞에 고스란히 쌓였다. 이때 그도 인생에서 처음으로 '자살'이라는 것을 심각하게 생각했다고 조심스럽게 고백했다. 필자는 사실 이러한 천문학적인 숫자의 돈에 대해서는 잘 모른다. 더구나 그 많은 돈이 모두 빚이라니 놀라지 않을 수 없다. 그냥 소설 같은 이야기라 실감이 나지 않는다고 할까.

물론 그때 한 회장에게는 살아날 방법이 있었다. 법적으로 회사를 부도내면 됐다. 그리고 파산신청을 하면 빚은 사라진다. 당시 한 회장의 친구들과 지인들은 그에게 부도를 내라고 권유했다고 한다. 그러나 그는 부도를 낼 바엔 차라리 목숨을 끊겠다며 주위의 권유를 물리쳤다. 자신을 믿고 거액을 투자했던 사람들에 대한 죄송함 때문이었다. 그들이 한국인이든 일본인이든, 절대로 남에게 폐를 끼치지 말자고 굳게 맹세한 것이다.

"남에게 피해를 주어서는 안 된다."

이는 여전히 그의 확고한 철학이다.

여기서 잠시 일본의 '메이와쿠 방지조례'와 '메이와쿠 문화'에 대해서 소개하고 넘어가겠다. 일본에서는 남에게 실례가 되는 행위를 '메이와쿠'라고 한다. 예를 들어 불필요하게 자주 전화를 거는 행위나 공공장소에서 큰소리로 떠드는 것, 자동차 경적을 울리는 행위, 거리에 쓰레기를 함부로 버리는 행위 등이 그것이다. 이러한 행위가 도를 넘어서면 메이와쿠 법령으로 법적인 조치를 받기도 한다.

나아가 법 집행 이전에 스스로 매사에 조심하는 것이 일본인들의 메이와쿠 문화다. 그러다 보니 남에게 폐를 끼치지 않으려고 노력하는 메이와쿠 문화가 일본 사회 전반에 깊게 자리 잡았다. 아무리 어려운 상황에도 남에게 책임을 전가하거나 피해를 입히지 않으려 했던 한창우 회장의 철학은 메이와쿠 문화와도 맥이 닿아 있다고 볼 수 있다.

물론 그는 쉽게 죽을 수도 없었다. 어린 자식들과 아내의 얼굴이 떠올랐기 때문이다. 그는 또 한 번 투혼을 발휘한다. 그리고 하늘은 스스로 돕는 자를 돕는다고 했듯이, 그의 투혼은 새로운 기회를 그의 운명에 가져다준다. 당시 은행에서 부실기업을 담당하던 요나모리라는 사람이 한 회장에게 다음과 같은 제안을 했다고 한다. 이는 한창우 회장의 자서전에도 소개된 일화인데, 개인적으로 가장 재미있으면서도 의아스러운 부분이기도 했다.

제안의 내용은 이렇다. '요론도'라는 작은 섬에 나무가 많은데, 그 나무를 가져다 정원수로 팔면 어떻겠냐는 것이다. 매우 엉뚱한 제안이었지만, 회장은 지푸라기라도 잡는 심정으로 당장 요론도로 떠났다고 한다. 하지만 너무 늦은 시간에 도착하는 바람에 비행기와 배도 놓치고, 설상가상으로 비마저 내렸다. 수소문 끝에 겨우 경비행기를 얻어 타게 됐는데, 어찌된 일인지 갑자기 조종사가 조종간을 그에게 맡기는 것이 아닌가? 하지만 이미 그는 지옥 문턱까지 가본 터였다. 두려울 게 없다는 심정으로 그는 처음 타보는 비행기를 조종해냈다.

훗날 알게 된 바로는, 이러한 일 자체를 요나모리가 계획했다고 한다.

요나모리는 한창우 회장이 결코 무책임하게 죽을 사람도 아니고, 남의 돈을 떼먹을 사람도 아니라고 판단했기 때문이다. 마침내 그 은행은 당시의 관행을 깨고 한국인인 그에게 대출을 허락했다. 나아가 그 소문이 업계에 퍼지자 다른 은행에서도 그에게 여러 기회를 제공했다.

필자가 회장을 만나 인터뷰하는 자리에서 제일 먼저 질문한 것이 바로 이 대목이었다. 필자는 2005년에 비행기 조종 자격증을 취득했고, 일본 항만 1종 선박 자격증도 있다. 두 시험 모두 통과하기가 결코 쉽지 않다. 그런데 어떻게 이런 면허도 없이 비행기 운전이 가능했을까?

"정말로 비행기 조종을 하셨습니까?"

"물론이지."

그의 대답은 너무 간단했다. 한 회장의 말에 필자의 200시간 비행기 조종 경력이 한순간에 아무것도 아닌 것처럼 허무하게 느껴졌다. 그와 동시에 한창우 회장의 놀라운 도전정신과 담대한 저력에 감동을 받기도 했다. 죽기 살기로 무면허 운전을 한 것, 그것도 비행기 조종이라니 말이다. 당시에 그가 얼마나 절박했는지 느껴질 정도였다. 필자가 처음 비행기 조종을 배울 때가 떠올랐다. 필자는 긴 시간을 조종하고 나서야 비로소 공포가 사라졌는데, 너무나 대조적으로 단 한 번에 두려움을 떨쳐냈다니 놀라움을 금치 못했다.

이처럼 벼랑 끝에서 보여준 그의 진심 어린 태도는 그 어떤 것보다 강한 힘을 지닌다. 한창우 회장의 '지지 않는 근성'이 생면부지의 일본인 은행원을 감동시켰음은 물론이다.

벼랑 끝에서 재기의 발판을 마련한 한창우 회장은 다시 처음부터 닥치는 대로 시작했다. 필자는 이 대목에서 한 번 더 놀랐다. 그렇게 모진 고생을 하면서도 직원들 월급은 단 한 번도 밀리지 않았다는 사실 때문이다. 밀리기는커녕 그는 오히려 직원들에게 약소하나마 성과급을 지급했다. 자신이 몸담은 일자리가 위기의 한복판에 있다는 사실을 잘 알고 있었던 직원들이 얼마나 큰 감동을 느꼈을지 짐작된다. 그러한 감동에서 우러나온 그들의 진심과 헌신이 한창우 회장의 투혼에 보태졌음은 두말할 것 없다.

나이 42세에 찾아온 부도위기, 그는 인생의 어려움을 그렇게 이겨냈다. 은행에 진 빚은 결국 10년 뒤인 52세에 다 갚았다고 한다. 이 천문학적인 빚을 다 갚으리라고 예상한 사람은 아무도 없었다. 하지만 한창우 회장은 불가능이란 없다고 믿었다. 당시 그는 맹자의 말을 가슴 속에 되새겼다고 한다.

"죽을 각오라면 다시 한 번 살아라. 사람은 우환에 살고 안락에 죽는다."

    소프트뱅크의 손정의 회장 역시 이와 비슷한 시련을 겪었다. 샤프의 전무였던 사사키가 사재를 털어 음성 전자 번역기 지원금 2,000만 엔을 빌려주었는데 그만 실패로 돌아갔던 것이다. 물론 손정의 회장도 그 실패를 딛고 크게 성공한 기업가가 되었다. 이런 사례를 접하면서 세계의 거부들이 늘 탄탄대로를 달려 성공 경험만 한 것이 아니라는 사실을 알게 된다. 누구나 실패를 겪는다. 하지만 그 실패에서 좌절하지 않고 재기하는 것이 성공자들이다. 그리고 그들이 결국 부자가 된다.

    실패 없이 찾아온 성공은 영원하지 않다. 어쩌면 잠깐의 행운이나 우연에 불과할 수도 있다. 실패는 언제든 찾아오게 돼 있다. 그러니 더더욱 실패를 두려워하면 안 된다.

    실패에 직면했을 때 좌절하거나 절망하기보다는, 별것 아니라고 생각하고 훌훌 털어낼 수 있는 담대한 마음을 가져야 한다. 실패의 순간에 싸워야 할 적은 자기 자신이다. 위기의 순간에 우리는 '무능'을 학습한다. 실패하면 우리는 고개부터 숙인다. 과거에 실패를 경험하면 사람들은 그 후로 자기 자신에 대해 '내 인생은 제대로 되는 게 하나도 없어.', '어차피 난 안 될 거야.' 하는 생각을 갖는다. 그러한 생각은 트라우마가 되어 지속적으로 자신을 괴롭힌다.

달리기 할 때를 생각해보자. 계속해서 달리던 사람이 그 흐름 그대로 가속을 더해 더 빨리 달리는 것이 어려울까? 아니면, 달리다 넘어진 사람이 다시 일어서서 달리는 게 더 어려울까? 당연히 후자가 훨씬 더 어려운 법이다. 넘어지고 나서 다시 달리려고 할 때는, 실패에 따른 스트레스와 '또 넘어지면 어쩌지?' 하는 두려움이 발목을 잡게 마련이다. 하지만 어떤 환경도 생각하기 나름이 아닐까? 요컨대 의지가 중요하다는 말이다. 그 의지의 저변에는 물론 근성이 뿌리 깊게 관여하고 있을 것이다.

한창우 회장은 실패경험에 대해 이렇게 말했다.

"과거의 실패와 타인의 평가를 염두에 두지 말라."

실패와 패배에 길들여지지 말라고 조언한다. 무능해서 실패한 게 아니니, 다시 도전하라고 당부한다. 일본의 미래학자 오마에 겐이치도 이렇게 말한다.

"멘탈 블록mental block이라는 말이 있다. '그런 생각을 해서는 안 돼. 그런 생각을 할 수는 없어.'와 같은, 스스로 만든 정신적 장벽을 말한다. 창업가가 되려면 이런 정신적 장벽을 깨는 멘탈 블록버스터mental block-buster가 되어야 한다."

실패의 순간, 우리가 가장 먼저 할 일은 '학습된 무능함'이라는 정신적 장벽을 깨는 것이다. 실패 이후의 고통은 일시적이다. 하지만 그 시점에서 포기해버리면 그 고통은 영원히 이어지게 된다. 일시적 고통을 통해 더욱 강해질 것인가, 아니면 영원한 고통을 안고 살아갈 것인가? 좌절에 빠진 이들, 혹은 극단적인 선택까지 생각하는 이들에게 한창우 회장의 삶은 답을 보여준다.

바닥까지 파본 적 있나

운명을 자신의 의지로 반드시 바꾸어내는 근성이 바로 투혼이다. 지금까지 이야기한 한국인과 한창우 회장의 근성이 그것이다. 앞에서 사례로 든 한창우 회장의 이야기가 너무 먼 옛날이야기가 아니냐고 반문하는 독자들도 있을 것이다. 하지만 투혼이나 근성은 오히려 지금 우리에게 더욱 절실한 키워드다. 세상은 점점 더 복잡해지고 각자가 견뎌야 하는 압박감의 무게는 상상을 초월한다. 그런 상황 속에서 우리가 겪고 있는 크고 작은 위기들을 타개할 가장 강력한 무기가 바로 투혼이기 때문이다.

크리에이티브, 즉 창의성의 시대라고들 한다. 그런데 창의성에도 강한 투혼이 필요하다는 사실을 아는가? 창의성과 투혼이라니 전혀 어울리지 않는다고 생각할 것이다. 하지만 금세기 최고의 크리에이티브의 아이콘으로 불린 고故 스티브 잡스 또한 다음과 같은 말을 한 적이 있다. 이는 일종의 우려를 드러낸 말이었다.

"주위를 둘러보니 한 분야에 필요한 지식을 바닥까지 파보는 사람이 없었다. 그것은 분명 충격적인 일이다."

스티브 잡스 역시 실패에 달관한 사람이다. 선구적인 제품은 시장에서 외면당했고 자신이 만든 회사 애플에서 쫓겨나기까지 했다. 하지만 그렇게 계속된 실패 속에서도 그는 좌절하지 않고 아이팟, 아이폰, 아이패드 등 혁신적인 제품들을 만들지 않았는가? 그는 생전에 스탠퍼드 대학 졸업식 연사로 초대되어 강연을 했는데, 자신의 어려웠던 개인사가 성장의 자양분이었음을 담담히 고백해 큰 감동을 주었다. 혁신이나 창의적인 아이디어는 모두 '바닥까지 파보는' 정신에서 나온다. 인생에서 혹독한 어려움을 겪어본 사람들은 바닥까지 파보는 것을 두려워하지 않는다. 환경의 제약이나 시련을 뛰어넘어본 사람에게만 비로소 주어지는 것이 바로 성공이라는 달콤한 결실이 아닐까?

반면 실패하는 사람들은 자신의 분야를 끝까지 파고들지 않는다. 여기저기를 찔끔찔끔 파보면서 주위를 기웃거리기만 한다. 1cm만 더 파보면 보물이 있는데, 코앞에서 포기해버린다. 초보 도박사들을 예를 들어보자.

그들은 돈이 나오는 게임기를 찾아 끊임없이 돌아다닌다. 누군가 이기면 쪼르르 달려가 그 기계 앞에 줄을 서고, 또 다른 게임기에서 누군가가 돈을 따면 다시 그쪽으로 자리를 옮긴다. 그렇게 남들 잘되는 것만 쫓아다니다가 결국 한 번도 따지 못하고 손해를 본다.

인생도 마찬가지다. 경박스럽게 두리번거리는 자는 이길 수가 없다. 강해질 수도 없다. 끝까지 지지 않겠다는 마음가짐으로 집중해야 한다. 지금은 비록 패배하더라도 이길 때까지 승부를 봐야 한다. 이길 수 있어서 이기는 게 아니다. 지지 않겠다는 마음으로 끝까지 버티다 보니 결국은 이기게 되는 것이다. 이길 때까지 버티면서 승부하겠다는 근성이 바로 앞에서 내내 이야기한 투혼이다.

필자는 한창우 회장에게서 바로 그 승부근성, 투혼을 보았다. 투혼에는 스펙이나 과거의 실패 경험 따위가 영향을 미치지 못한다. 오히려 부족하고 어려울수록 다시 일어서겠다는 의지가 생겨나 투혼을 더욱 불태우게 된다. 투혼의 힘으로 가슴을 뜨겁게 만들 수 있다면, 누구나 인생에서든 사업에서든 지지 않는 승부를 할 수 있다. 우리는 누구나 자기 삶의 무게를 감당한 채 살아가고 있고, 이미 인생의 많은 문제들과 정면승부를 펼쳐왔다. 그러니 조금만 더 강인함을 기르면 투사가 될 수 있다.

살다 보면 누구에게나 아픔이나 고통이 찾아오게 마련이다. 크고 작은 시련을 빌미로, '상황이 힘들어서 난 안 돼.'라거나 '이런 슬픔과 고통은 도무지 견딜 수가 없어.' 하며 자신의 인생을 망가지게 놔두어서는 안 된다. 시련을 이겨낸 대표적인 여성인 오프라 윈프리만 해도 그렇지 않은가? 그녀는 미혼모의 딸로 태어나 지독하게 가난한 어린 시절을 보냈고, 사촌에게 성폭행을 당하고 마약에 빠져 지내기도 했다. 하지만 그런 어려운 시절을 이겨내고 '세계에서 가장 영향력 있는 여성'으로 불리고 있다. 〈포브스〉가 선정한 '세계에서 가장 영향력 있는 유명인사 100인' 중 최고의 명사로 꼽힌 적도 있다.

가족의 죽음, 경제적인 곤란, 인간관계에서 오는 불협화음 등은 누구나의 인생에 반드시 등장할 수밖에 없는 일들이다. 인생이라는 게 늘 산 너머 산, 강 건너 강이다. 그러니 어려운 게 당연하고 실패도 예사로 벌어지는 일일 수밖에 없다. 한창우 회장은 자신의 삶을 통해 실패를 두려워하지 말고, 정직과 성실을 바탕으로 살라고 조언한다. 포기하지 않고 자기 페이스로 꾸준하게 간다면, 언젠가는 그 성실과 정직이라는 씨앗이 엄청나게 큰 선물이 되어 돌아온다고 했다.

실패하는
사람들의
특성

❖ 신념이 없다.

❖ 성공 전략이 없다.

❖ 공부, 지식에 관심이 없다.

❖ 상사에게 무능하다는 지적을 자주 듣는다.

❖ 다른 이의 판단만 따른다.

❖ 모임, 행사 없는 일상을 보낸다.

❖ 음주가무로 밤 시간을 보낸다.

❖ 운동을 하지 않고, 정기적으로 건강진단을 받지 않는다.

❖ 직장동료 및 주변 사람들과 사이가 좋지 않다.

❖ 가정에 무관심하고 무책임하다.

❖ 회사 공금을 물 쓰듯이 사용한다.

❖ 회사 경비로 골프, 술집 접대를 즐긴다.

❖ 타인의 금전 지출을 당연시한다.

❖ 불평, 불만을 입에 달고 다닌다.

❖ 말이 많고 혼자 떠든다.

❖ 뉴스, 교양과 담 쌓고 산다.

❖ 연수, 세미나보다 관광을 즐긴다.

❖ 최근 책을 읽은 적 없다.

❖ 마음을 터놓을 친한 친구가 없다.

❖ 매일 똑같은 일상을 보낸다.

❖ 독창적인 아이디어와 콘텐츠를 생각해내지 못한다.

❖ 무기력하다.

2
내 회사는 내가 지킨다

강인한 리더십의 근간, 사명감

使命感

"
사장은 아무나 되지만
리더는 아무나 될 수 없다.
누구나 높은 지위에
오를 수 있지만
진정한 리더가 되기는 어렵다.
"

최근 세계무대에서 한국인들이 펼치는 눈부신 활약상을 전해 듣는 경우가 많다. 한국인이 해외에서 리더가 되어 진두지휘하는 경우도 과거에 비하면 놀라울 정도로 많아졌다. 한국 밖에서 살아가는 사람으로서, 그런 소식을 들을 때마다 필자는 코끝이 찡해지며 가슴속 깊은 곳이 든든하고 따뜻한 무언가로 채워지는 감동을 느끼곤 한다. 아마도 이러한 감동은 해외에서 사는 사람들이 더 깊고 강렬하게 느낄 것이다. 밖에 나가면 다들 애국자가 된다고 하지 않는가.

그런데 밖에서 보니 조금 특이한 점이 있다. 한국인이 해외에서 성장하고 성공하는 양상은 다른 나라의 인재들이 국제사회의 리더로 성장하는 사례들과 사뭇 다르다. 외국의 인재들은 어렸을 때부터 글로벌 리더로 양성된다. 일종의 외교적 목적으로 그렇게 양성되는 것이다. 하지만 한국인 글로벌 리더들은 그렇지 않다. 국가의 지원 없이 순수하게 개인의 능력만으로 세계에서 인정받고 쓰임을 받는 경우가 더 많다.

물론 국가 차원의 외교적 지원이 전무한 상태에서 오로지 개인의 실력만으로 그 자리에 올랐다고는 생각하지 않는다. 한국의 국제적 위상이 높아졌기 때문에 그만큼 한국인 인재들이 인정받을 기회도 자연스럽게 많아지기도 했을 것이다. 그럼에도 불구하고, 다른 나라에 비해 한국인들은 '개천에서 용 난' 경우가 많은 것은 사실이다.

그 이유가 무엇일까? 필자는 한국인 특유의 어떤 기질 때문에 그런 것은 아닌가 조심스럽게 생각해보았다. 어쩌면 한국인은 리더가 되기에 매우 적합하고 합당한 기질과 자질을 갖고 있는 것이 아닐까? 무엇보다, 한국인은 단순한 밥벌이가 아니라 뚜렷한 소명의식과 사명감을 갖고 업무에 접근한다. 많은 외국인들을 만나보면 한국인들은 그 점이 특히 다르다.

열심히 일하는 사람을 일 중독자로 폄하하지 마라

필자가 과거에 만난 한 외국인 지인은 "한국인들이 지나치게 성공에 집착하여 '워커홀릭workaholic'이 된 게 아니냐?"고 물었다. 그 질문을 받았을 때 필자는 솔직히 좀 난감했다. 정확히 말하면, 그의 선입견이 매우 당황스러웠다. 한국인들이 일할 때 놀라운 집중력을 발휘하면서 몰입하는 것은 예나 지금이나 잘 알려진 사실이다. 그러나 '워커홀릭'이란 단어에는 '중독'이라는 부정적 의미가 내포되어 있지 않은가? 어떻게 집중력과 몰입하는 태도를 '중독'으로 폄하한단 말인가? 또한 한국인이 일에 열중하는 이유를 '성공'이라는 단 하나의 세속적인 목표로 귀결시키는 데도 동의하기 어려웠다.

한 사람이 일을 열심히 하는 데는 여러 가지 이유를 찾을 수 있다. 돈을 많이 벌고 싶어서, 사회적으로 높은 지위에 오르고 싶어서, 그 일 자체가 너무 좋아서, 회사나 동료들이 좋아서, 가족을 먹여 살리려고 등등. 성공은 수백 가지 이유 중 하나에 불과하다. 특히 한국인은 성공 이외의 다른 요소들에 의해 움직일 때가 더 많다. 필자가 보기에 한국인이 자신의 일에 몰입하고 집중하는 가장 큰 이유는 바로 남다른 사명감과 소명의식 때문이다.

한국인은 예로부터 자신의 일과 책임을 거룩하게 여겨왔다. 일을 단순히 생계 수단으로 여기는 것이 아니라, 자아를 실현하고 인생을 가치 있게 만들어가는 과정이라고 보았다. 그렇기에 일은 그 자체만으로 사명이되고, 거룩함을 추구하는 과정이라 할 수 있다. 한국인이 워커홀릭처럼보이는 이유는 투철한 책임감을 가지고 일을 바라보기 때문이다.

임무가 주어지면 자신의 모든 것을 걸고 책임을 다하는 사람들이 한국인이다. 설령 몇 날 며칠 회사에서 쪽잠을 자는 한이 있다 해도, 휴가를반납하고 야근을 하더라도, 일단 자신에게 주어진 일을 우선으로 여긴다.오늘날 한국의 젊은 사람들은 생각이 조금 다를 수도 있겠지만, 필자가해외에서 만난 성공한 한국인들은 대부분 이러한 공통점을 가졌다.

이 모든 것은 책임감과 사명감 그리고 소명의식에서 출발한 열정이다.책임감에서 시작된 열정은 일중독과 전혀 다르다. 투철한 책임감으로 일에 접근하기에 자연히 성과가 따라오고, 그에 합당한 보상이 주어지는 것뿐이다. 한국인이 전 세계 어디를 가더라도 우월한 성과를 내는 이유도결국 이것이다. 그래서인지 근래 필자가 만난 외국인들은 한국인의 열정적인 업무 태도에 대해 워커홀릭이라 폄하하는 경우가 거의 없다. 오히려해외 유수의 기업들은 요즘 한국인 인재를 확보하려고 적극적으로 노력한다. 그들은 한국인이 회사나 일을 대하는 '주인의식'이 가장 탁월하다며 엄지손가락을 치켜세운다. 그리고 한국인과 같은 자세를 가지라고 다른 직원들에게까지 권유할 정도다.

높은 사람이 화장실 청소를 하는 회사

필자가 《마루한이즘》을 읽으면서 개인적으로 마루한의 문화 중에서 가장 재미있다고 느꼈던 것은 '지위가 높을수록 화장실 청소를 한다.'는 부분이었다. 상사가 힘들고 어려운 일부터 솔선수범하는 자세를 회사의 문화로 만들고 정착시켰다는 데 작은 감동을 받았다. 기업은 힘들고 어려운 일을 소란 피우지 않고 묵묵히 해내는 사람이 많아야 성장하는 법이다. 모두가 화려하게 빛나는 일만 하려고 들면 기업의 운영은 목표한 대로 이루어지지 않는다.

밤하늘이 있어야 별도 드러내놓고 빛나는 법이다. 모든 선수가 4번 타자가 되어 홈런만 노리는 야구팀은 우승권에서 멀어진다. 누군가는 밤하늘이 되어주어야 별이 빛날 수 있고, 또 누군가가 안타로든 볼넷으로든 출루를 해야 4번 타자의 홈런이 더 값진 것이 될 수 있다.

마루한에는 어렵고 힘든 일일수록 선배들이 먼저 솔선수범하는 문화가 있다. 윗사람은 으레 뒷전에 점잖게 물러나 앉아 시키기만 한다는 고정관념이 있는 사람들은 선뜻 상상하기 어려운 문화다. 하지만 살펴보면 우리 주위에는 의외로 이런 기업이 적지 않다. 말 그대로 '주인의식'이 살아 있는 사람은 높은 자리에 올라갈수록 솔선수범을 당연하게 생각한다.

한국의 리더 중에도 이런 분들이 꽤 많다. 일례로 필자가 만난 어느 한국인 임원은 출근길에 회사 사옥 근처의 담배꽁초부터 줍는다고 한다. 청소를 담당하는 직원이 따로 있을 텐데, 왜 굳이 임원인 본인이 직접 그 일을 하는지 물어보았더니 대답이 매우 간단했다.

"우리 회사니까요."

어떤 규칙이나 제도에 따라 행동하는 게 아니었다. 누가 시켜서 한 것도 아니다. 자신의 의지로 힘들고 귀찮은 일을 자청하는 것이다. 힘겨울 때는 푸념하듯 '목구멍이 포도청이라 일한다.'고들 말하지만, 실상 대다수의 한국인들은 돈만 바라보고 일하지 않는다. 대의명분을 중요하게 여기고, 어떤 일에든 의미를 부여하는 민족이기 때문이다. 한국인들은 회사를 대할 때도 '우리' 회사, '내' 회사라는 생각으로 마치 자신의 가족 혹은 가정처럼 여긴다. 그러니 한국인이 많은 기업이 애사심도 자연스레 높아지는 것은 당연한 일이다.

이러한 정서는 아마도 가족에서 시작된 굳건한 공동체 문화에서 비롯되었을 것이다. 어느 나라를 가더라도 한국인처럼 가족을 사랑하는 민족은 없다. 한국의 부모들은 가장으로서 그 책임을 다하고, 자녀를 돌보는데 최선을 다한다. 또한 한국의 자녀들은 부모에게 효를 다한다. 부모의 '돌봄'과 자녀의 '효도'로 똘똘 뭉친 한국의 가정은 그 어떤 공동체보다도 단단하다.

만약 이러한 단단함과 끈끈함이 가족의 울타리 안에서만 국한되었다면 사회활동에서의 책임감이 그처럼 강하지는 않았을 것이다. 하지만 한국의 가족문화는 사회 전반으로 확대된다. 무엇보다 한국인들은 자신이 속한 공동체의 일원을 '가족'으로 쉽게 받아들인다. 회사는 가정이 되고, 동료는 가족이 된다. 내 가족이 다니는 회사 앞마당에 떨어진 담배꽁초를 줍는 일이 뭐가 그리 어려운가? 주중에 힘써 일한 아버지가 주말에 가정에서 화장실 청소를 마다하지 않듯이, 리더가 화장실 청소를 하는 것은 그만큼 공동체에 대한 애정이 깊기 때문이다.

한국인은 가장을 지극히 모시고 존중해왔다. 아주 작은 예절에서부터 가정 내의 모든 문화가 가장을 중심으로 돌아간다. 물론 가장은 그것을 누리기만 하지 않는다. 자신이 받은 만큼, 아니 그보다 훨씬 더 큰 책임감을 갖고 가족을 건사한다. 필자가 보기에 한국의 가장들이 가지고 있는 가족에 대한 책임감은 그 어떤 민족보다도 클 것이다.

한국의 가장은 구성원들의 화합과 분발을 이끌어내면서, 가족을 자기 목숨보다 더 소중히 여긴다. 가장이라는 임무를 사명으로 생각하고, 소명으로 받아들인다. 그래서 가족을 먹여 살리기 위해서라면 무엇도 마다하지 않는다. 가장에게 일은 단지 자신의 생존만을 위한 수단이 아니라, 내

가족을 책임진다는 숭고한 목적을 가진 활동인 것이다. 그래서 그들에게 일은 단지 밥벌이가 아니라 거룩한 사명일 수밖에 없다. 한국에만 있는 '기러기 아빠'는 이러한 책임감이 극단적으로 표출된 서글픈 단면일 것이다.

가장은 그 집안의 지도자다. 한창우 회장 역시 자신을 한 집안의 가장이자 마루한의 가장이라고 소개한다.

"가족이 없었다면 내가 지금 여기까지 올 수 없었다. 또한 '회사는 나의 것이다.'라는 신념으로 일해온 직원들이 있었기에 마루한이 오늘날과 같이 성장할 수 있었다."

가장이라는 자각은 쓰러질 뻔한 국면마다 그를 일으켜 세우는 가장 강력한 동력이 되었다.

한창우 회장은 1978년에 장남을 잃었다. 열여섯 살의 나이로 미국 연수를 갔던 장남은 강에서 익사하여 세상을 등지고 말았다. 그토록 강인했던 한창우 회장조차 깊은 절망과 공허함에 망연자실할 수밖에 없었다. 지금도 자신의 인생에서 가장 가슴 아픈 기억을 장남의 죽음이라 말한다. 그는 어떻게 그 아픔을 이겨냈을까? 우연히 유품을 정리하다가 아들이 남긴 메모를 발견했다고 한다.

"자신을 포기하면 인생은 더욱 공허해질 것이다."

자서전에서 그는 그 문구가 마치 아들이 아버지에게 보내는 마지막 유언처럼 다가왔다고 적었다. 한창우 회장은 이 문구를 발견한 이후, 자신이 가장이라는 위치를 포기하면 안 된다며 각오를 다졌다고 한다. 그렇게 그는 다시 가장으로 돌아갔다. 마루한의 자식들을 위하여 가장으로서 아픔을 삭이고 제자리로 돌아온 것이다.

길 가는 사람 아무나 붙잡고 사람이 세상에서 겪을 수 있는 가장 슬픈 일이 무엇인지 물어보라. 자녀를 둔 이들은 하나같이 자식의 죽음이라 대답할 것이다. 한순간에 금지옥엽 같은 자식을 잃은 부모의 오열처럼 가슴을 울리는 것은 없다. 자녀의 죽음은 부모의 가슴에 대못을 박는 것과 같다. 하루도 빠지지 않고 그 못이 가슴을 찌른다. 하루에 수십 번 수백 번, 부모는 그렇게 평생 동안 고통의 멍에를 진다. 한창우 회장 역시 다르지 않았을 것이다. 먼저 간 아들을 생각하며 고통의 시간 동안 아무도 모르는 눈물을 한없이 흘렸을 것이다.

석가모니 부처는 자식을 잃고 슬퍼하는 여인에게, 사람이 한 명도 죽지 않은 집에 가서 콩 한 개만 얻어오면 자식을 다시 살려주겠다고 말했다. 그 여인은 온종일 동네를 헤매며 '사람이 한 명도 죽지 않은 집'을 찾아다녔지만, 결국 찾지 못했고 콩도 얻지 못하고 돌아왔다. 이 세상에 사람이 죽지 않은 집이란 없기 때문이다. 여인은 그러한 사실에서 큰 깨우

침을 얻는다.

이처럼 죽음에 대한, 특히 자녀의 죽음에 대한 슬픔을 이길 수 있는 것은 오로지 누구나 언젠가는 죽는다는 것을 인지하고 스스로 안정을 찾는 것뿐이다. 물론 당시의 괴로움은 이루 말할 수 없겠지만 말이다.

누구나 피하고 싶은 가장 아픈 고통을 겪고 나서, 한창우 회장은 '회사의 가장'이라는 책임을 방치하지 않고 다시 회사로 돌아왔다. 그리고 묵묵히 자신의 책임을 다했다. 가난, 도산 위기, 자녀의 죽음 등 인생의 가장 어려운 고통을 다 겪었던 한 회장을 보고 필자는 '인생에 통달한 사람이 바로 이 분이구나.' 하고 생각했다. 숱한 고통을 이겨낸 사람은 옹졸하거나 편협하지 않다. 어쩌면 그가 오롯이 겪어낸 고통스러운 과거가 오늘날 그를 더욱 단단한 기업인으로 성장시킨 자양분이 아니었을까 싶다.

끝까지 책임지는 사람이 바로 리더다

"사장은 아무나 되지만 리더는 아무나 될 수 없다."

높은 지위에 오르기란 그리 어려운 일이 아니다. 하지만 진정한 리더의 자리에 오르기는 매우 어렵다. 흔히 리더는 확고한 사명과 명확한 비전을 가져야 한다고 말하지만, 그것만으로는 부족하다. 열정이나 욕망만으로는 유지될 수 없는 자리라는 뜻이다.

세상에 욕망이 없는 사람은 아무도 없다. 중요한 것은 실행 능력이다. 비행기는 하늘에 떠서 운항하는 것보다 땅에서 이륙할 때 몇 배의 동력이 더 필요하다. 어쩌면 운항 자체는 잘 갖춰진 시스템이나 구성원들의 능력으로도 충분히 가능하다. 하지만 이륙의 에너지는 리더에게서 나온다. 이륙할 때는 큰 용기도 필요하지만, 위험을 감지하는 능력도 있어야 한다. 실행이란 용기와 더불어 위험을 안고 시작하는 것이다. 용기 없는 리더도, 위험을 감지하지 못하는 리더도 구성원을 책임질 수 없다.

책임감은 한창우 회장이 생각하는 리더의 최우선 덕목이다. 그는 모든 잘못은 항상 리더에게 있다고 단언한다. 그의 나이 42세, 볼링장 사업이 부도위기를 맞으며 천문학적인 빚을 져야만 했을 때, 그는 은행과 빚쟁이들의 독촉 속에서 반성하고 또 반성했다. 가족과 직원들에 대한 책임감에 눈물도 흘렸다. 하지만 그는 리더가 구성원들에게 눈물을 들켜서는 안 된다고 강조한다. 리더가 혼자서는 밤새 눈물을 흘리더라도, 세상 앞에서는 구성원들을 지키는 사람이어야 한다는 이유 때문이다. 그런 대단한 책임감이 있었기에 한창우 회장은 엄청난 빚을 지고도 끝내 부도 내지 않고 파산도 하지 않고 이겨낼 수 있었을 것이다.

이 부분은 이 시대의 한국인들이 꼭 배워야 할 점이라고 생각한다. 일본인은 타인이 보는 앞에서 눈물을 잘 보이지 않고 슬픔을 속으로 삭이며 감내한다. 최근에는 '소프트 리더십'이라고 해서 구성원들 앞에서 스스럼 없이 눈물을 보여도 괜찮다고 생각하는 이들이 많은 듯하다. 그러나 리더가 구성원들 앞에서 버럭 소리를 지르거나 섣불리 눈물을 보이는 등 감정적으로 절제하지 못하는 모습을 보이는 것은 바람직하지 않다고 생각한다. 리더에게 의지하고 싶은 구성원들의 마음이 일순간 꺾일 수 있기 때문이다.

리더와 가장에게는 때로 자존심도 필요하다. 자존심으로 똘똘 뭉쳐 강인해진 사람만이 막중한 책임을 견뎌내는 리더가 될 수 있다. 강해지기 위해서는 때로 실패도 필요하다. 한창우 회장은 실패의 쓰라진 고통, 역경과 난관을 통해 자신만의 근성을 더욱 강건하게 만들었다. 천문학적인 빚더미 앞에 섰을 때도 그는 진정한 가장이자 책임감 있는 리더로서 자신과 가족, 직원들을 지켰다. 그런 점에서 한창우 회장은 위대한 가장이자 리더였다.

누가 돈 몇 푼으로 애사심을 갖나?

조직의 구성원은 자신의 시야가 닿는 곳까지만 에너지를 쏟아도 무방하다. 하지만 리더는 그래서는 안 된다. 전체적인 시각에서 소망하고 그에 따라 에너지를 조정해야 한다.

세계적인 경영사상가 대니얼 핑크는 2012년 〈매일경제〉와의 인터뷰에서 인센티브제의 폐해를 지적하며 이런 이야기를 했다.

"직원들을 일이 아니라 돈에 집중하게 만든다."

한창우 회장 역시 이에 동의한다고 말했다. 돈은 직원에게 줄 수 있는 동기부여의 매우 작은 요소에 불과하다. 구성원에게 돈 이상의 가치를 제시하고, 구성원을 일의 주체이자 회사의 주인으로 대해야 그들을 가족으로 만들 수 있다. 도대체 그 어떤 직원이 돈 몇 푼으로 회사에 대한 애정을 갖는단 말인가? 그게 과연 가능하기나 한 일인가?

한창우 회장은 인센티브와 함께 구성원 개개인을 '인정'하는 데 무한한 노력을 기울인다. 인정은 인센티브보다 강하다. 사람은 자신이 인정받는다고 생각한 순간, 그 조직에 최선을 다하고 자신의 능력을 200% 발휘한다. 선비는 자신을 인정하는 주군을 위해 목숨을 바치는 법이다.

그렇다면 리더로서 구성원들을 인정하기 위해서는 무엇을 어떻게 해야 하는가?

"고용자와 피고용자 사이에 차별이 없어야 한다."

차별 없는 조직, 그것이 한창우 회장이 말한 최우선적인 조건이다. 사람은 차별을 받는다고 인식할 때 엄청난 소외감을 느낀다. 한창우 회장은 아무리 어설픈 의견도 소중한 견해로 받아들여지고 경청해주는 조직에서 구성원은 최선을 다한다고 말한다.

'회사에 대한 애정이 순식간에 사라지는 순간이 언제일까?' 하고 직원들에게 물어보라. 많은 이들이 '회사가 자신의 일을 제대로 인정해주지 않을 때'라고 대답한다. 반면 성공이든 실패든, 자신이 하는 일을 존중해주는 회사에는 직원들도 마음의 문을 연다. 한 명의 직원이 성장하는 데는 수많은 과정과 단계가 필요하다. 그 과정에서 실수하고 실패를 겪는 것은 어찌 보면 당연한 일이다. 한 번도 넘어지지 않고 걸음마를 떼는 아기가 세상에 있는가? 보통의 회사에서는 직원의 실수를 비난하고 회사가 직접 고치려 들지만, 마루한은 일단 신뢰하고 직원 스스로 개선해 나가게끔 만든다.

이것이 바로 고용자와 피고용자의 차별을 없애는 마루한의 기업문화다. 사실 무능한 직원을 그냥 봐주거나 그대로 놔두는 회사는 없다. 더구나 실수를 용서하는 회사도 그다지 많지 않다. 그럼에도 직원이 자신이 저지른 실수를 스스로 인정하고 개선한다는 점은 마루한이 가진 아주 큰 경쟁력이자 장점이라고 생각된다.

"회사란, 아무리 덩치가 커도 위기가 닥치면 쉽게 무너지는 허약한 존재다. 조직의 허약성은 CEO가 가장 잘 알고 직접적으로 느낀다. 그러므로 CEO의 임무는 전 직원들에게 현장의 위기감과 긴장감을 계속 전달하는 것이다."

직원들에게 주인의식을 심어주려는 한창우 회장의 말이다.

대부분의 회사에는 '기밀문서'가 있다. 회사의 주요 인사들, 소위 높은 사람들만이 아는 정보가 따로 있다는 뜻이다. 실제로 회사의 중요한 정보를 전 직원이 공유하는 경우는 별로 없다. 하지만 마루한은 회사에 관한 모든 정보를 전 직원과 공유한다고 한다.

또한 한창우 회장은 스스로 직통 전화로 전국의 지점에 연락하여 직원들과 통화하는 것을 즐긴다. 문서로 업무를 전달하는 것보다 대화를 하면서 소통해야 서로의 진의가 통한다는 생각에서다. 또한 화상회의를 통해 경영상의 비밀들도 직원들에게 홀가분하게 터놓고 말한다. 직원들이 회사에 대해 소외감을 느끼지 않도록 하기 위해서다. 회사가 모든 정보를 공개한다는 것은 그만큼 직원들을 인정하고 신뢰한다는 의지를 보여주는 것이기도 하다.

마루한의 비즈니스 전략은 일본의 기업인 마쓰시타 고노스케의 주장과도 상통한다. 그는 이렇게 말했다.

"사람을 육성한다는 것은, 결국 경영을 아는 사람, 아무리 작은 일이라도 경영자의 입장에서 생각하고 일할 수 있는 사람을 육성하는 것이다."

한창우 회장 역시 "일이란 자기 자신이 만들어내고 추구하는 것이다."라고 말하며 사장의 마인드를 가지고 일을 배워야 한다고 주장한다. 그에 따라 마루한은 직원 한 명 한 명을 리더로, 경영자로 양성하는 데 주력한다. 직급과 경력, 학벌에 관해 아무런 차별을 두지 않는다는 부분이 특히 마음에 와 닿았다.

직원들의 실수까지 자기 잘못으로 돌리는 리더

"주변을 돌아볼 줄 알아야 한다."

한창우 회장은 지난 50년 이상 마루한을 운영하면서 단 한 번의 구조조정도 하지 않았다고 한다. 경영위기는 리더의 책임이지, 구성원들이 책임질 일은 아니라는 그의 소신 때문이다. 엄청난 빛을 지면서도 자기 사람들을 끝까지 지켜내기 위해 최선을 다했던 이가 바로 한창우 회장이 아니던가.

아울러 마루한은 2005년 매출 1조 엔(약 10조 원)을 달성했을 때, 전 직원을 한국, 대만, 중국, 싱가포르, 라스베이거스, 하와이, 괌 등으로 여행을 보내주었다. 아울러 전 직원을 지바 현의 국제컨벤션종합센터 마쿠하리메세Makuhari Messe에 초대했는데, 그때 경비만 150억 원이 소요됐다고 한다. 그럼에도 같은 해에 60억 원을 별도의 인센티브로 직원들에게 지급했다고 한다. 웬만큼 통 큰 리더들도 쉽게 결행하지 못할 엄청난 규모의 성과배분이다.

그렇다면 과연 직원들은 어떻게 생각하는가가 궁금해졌다. 필자가 종종 다니는 '시마'라는 레스토랑이 있다. 도쿄역 앞에 있는 레스토랑인데, 이곳은 고인이 된 후지 산케이 그룹 고바야시 원로 회장의 소개로 가게 되었다. 규모는 작지만 기업인들에게 널리 알려진 곳으로, 그 레스토랑의 사장이자 쉐프가 한마디로 마당발이자 소식통이다. 필자가 한창우 회장에 대한 책을 쓰고 있다고 하자, 그는 '한창우 회장은 평판이 매우 좋다.'고 귀띔해주었다. 가끔 마루한의 직원이나 한유 사장도 온다고 했다.

한창우 회장을 아는 여러 사람들에게 '한창우 회장은 어떤 분이냐?'고 물어보면 가장 많이 나오는 대답은 다음과 같다.

"자신에게 인색하고 남에게는 관대한 사람이다."

직원들은 한창우 회장이 구성원의 허물을 쉽게 들추지 않고, 잔소리도 별로 하지 않는다고 입을 모았다. 오히려 문제가 생기면 '자기 탓'이라며 직원들이 민망해할 정도로 고개를 숙인다고 했다. 그런 정성과 진심이 직원들과 통하게 된 비결이었던 것이다.

사실 말이 쉽지, 리더가 직원들의 실수까지 자기 잘못으로 돌리기란 결코 쉬운 일이 아니다. 위계질서가 강한 조직일수록 윗사람이 아랫사람에게 지적하고 훈계하는 게 익숙하지 않던가. 자기 잘못까지 부하직원에게 대신 책임을 지우는 리더들도 있는 마당에, 직원의 잘못까지 감싸안고 감당하는 리더는 결코 많지 않다.

기업은 무엇보다 성과를 내야 하는 조직이다. 그런데 리더가 관대함만을 내세운다면 자칫 기업의 목적이 흐릿해지고 조직의 기강이 해이해지는 않을까? 직원들이 알아서 잘해주기를 바라는 리더들도 많은데, 한창우 회장은 그런 마음이 없을까?

한번은 그에게 직원들에 대한 리더의 기대를 물었더니 다음과 같은 대답을 들려주었다.

"야구에서는 3할만 쳐도 최고의 타자라고 한다. 10번 타석에 올라 그중 안타를 3번만 쳐도 최고의 타자라고 불리는 것이다. 그런데 왜 리더들은 직원들에게 5할 이상을 바라는지 모르겠다."

기업의 리더와 직원이 계약 관계일 뿐이라면 성과에 전전긍긍하고 얽매이게 될 수밖에 없다. 하지만 가족이라고 생각하면 작은 실패에 연연하지 않는다. 한창우 회장은 직원들이 2할 이상만 해도 감사하다고 한다. 그렇게 실패를 질책하기보다 성공을 축하하는 체험을 하다 보면 나중에 만루 홈런도 칠 수 있다는 믿음에서다.

한 회장은 기업인이자 리더로서 본인의 사명에 충실하고자 노력하는 사람이다. 조직의 수장으로서 성과를 챙기고 직원들을 진두지휘하는 데는 누구보다 열심이지만, 그 밖의 영역에서까지 리더십을 발휘하고자 무리하지는 않는다. 이런 그의 모습이 성과에는 엄격하지만 직원에게는 관대한 리더로서 그를 완성한 것이 아닐까? 심지어 그는 진취적이고 결단력이 있지만 성공한 기업인들이 흔히 품는 정치인으로서의 꿈은 꾸지 않는다.

여담이지만 필자의 가족 중에 선거 출마를 고려하는 사람이 있어서 한 회장에게 조언을 구한 적이 있다. 그때 그는 몇 가지 핵심을 찌르는 지적을 하며, 정치가 권장할 만한 인생의 목표는 아니라고 조언했다. 그래서인지 한 회장은 누구에게도 정치적 후원을 하지 않는다고 했다. 아울러 다양한 예시를 들어 바른 정치, 바른 경제인의 모습을 알려주었다.

한창우 회장은 필자에게 기업인의 자세에 대해 '경제인은 경제인답게 살아야 한다.'고 이야기해주었다. 이 말은 그의 정직성과 강직함에서 나온 것이 아닐까 하는 생각이 든다. 당시 출마 권유를 받았던 필자의 가족

강인한 리더십의 근간, 사명감

은 그의 말에 출마를 포기했다. '바른 경제인은 정치를 이용하거나 정치와 결탁해서는 안 된다.'는 한 회장의 조언을 필자는 다시 한 번 마음에 새겼다.

자식이 바르고 강하게 자라길 원하는 가장이자 리더

우리는 종종 '좋은'이라는 단어를 '만만한', '편한' 정도로 곡해한다. 좋은 회사는 과연 만만하고 편한 회사일까? 그렇다면 마루한은 편하기만 한 조직일까? 한창우 회장은 만만한 리더일까? 정답은 당연히 '노No'다.

필자가 이제껏 마루한에 대해 엄청나게 너그럽고 여유로운, 직원들이 보기에 아주 이상적인 회사로만 설명한 것 같은데, 마루한의 다른 면에 대해서도 알아보자. 일단 마루한은 엄청나게 까다로운 회사다. 한창우 회장 역시 기질상 호방하기보다는 까다롭고 꼼꼼한 리더에 가깝다. 그래서 마루한은 매우 엄격한 규율을 가지고 있다. 일에서 실패한 구성원은 너그럽게 용서할지라도, 규율을 어기는 직원에 대해서는 가차 없다. 아무도 시도하지 못했던 도전에 대해서는 곳간을 털어서라도 지원하지만, 이면지 한 장이라도 함부로 낭비하는 경우에는 어김없이 쓴 소리를 들어야 한다.

특히 한창우 회장은 본인 스스로에게 가장 먼저 엄격한 규율의 잣대를

들이댄다. 해외 출장을 갈 때도 그는 버스나 지하철 같은 대중교통을 이용하고, 경비사용 명세서도 1엔 하나까지 철저하게 기록해서 제출한다. 아버지의 이런 신념을 잘 알고 있던 아들 한유 사장도 마찬가지다. 젊은 시절 영업을 담당하던 자신에게 먼지가 잔뜩 쌓인 구형 외제차를 배정하려고 하자, 한유 사장은 이마저도 거절하며 "일개 사원에 불과한 저에게 외제차는 어울리지 않는다. 공짜로 얻어 타는 입장에서 이러쿵저러쿵 요구사항을 말씀드리는 것은 죄송하지만, 소형 국산 자동차로 부탁한다."며 정중하게 거절한 이야기는 지금도 회자된다. 전 구성원이 땀 흘려 번 돈을 함부로 쓸 수 없다는 한창우 회장의 신념에서 비롯된 태도다.

"급한 일보다 옳은 일을 먼저 하라."

한창우 회장은 직원들에게 '올바름'에 대해 종종 말한다. 직원들이 법을 어기거나 신용을 잃을 수 있는 일은 절대 시키지 않는다. 그게 자신이 가진 리더로서의 첫 번째 원칙이라고 한다. 일부 그릇된 리더 중에는 대의를 위한다는 명분으로 직원들을 희생시키는 경우도 있다. 한창우 회장은 그런 태도와 단호하게 선을 긋는다. 이 역시 가장의 입장에서 회사를 생각하기 때문이다.

이러한 철학이 있기에 마루한은 '뒷돈'이나 '리베이트'를 원하는 사람과 거래하지 않는다. 회사도 사람도 도덕적이지 못하면 무조건 거절하고 본다. 또한 지점이 허위로 매출을 보고하거나 부정행위가 발각되었을 때는 최대한 엄중하게 처벌한다고 한다. 이렇게 한창우 회장은 자신과 직원들이 일하는 공간을 사회적으로 더욱 '옳은' 모습으로 바꿔나갔다.

　자식이 넘어지면 당장 달려가서 일으켜 세워주는 부모가 있는가 하면, 자식이 일어날 수 있을 때까지 쓰린 속을 안고 지켜보는 부모가 있다. 새끼를 안전한 수풀 속에서만 보호하는 부모가 있는가 하면, 일부러 험난한 세상에 내보내는 부모가 있다. 한창우 회장은 모두 후자에 해당한다. 이유는 간단하다. 그가 가장이자 리더이기 때문이다. 자식들이 올바르고 강하게 자라기를 바라기 때문이다. 그는 세상이 얼마나 엄격한지 잘 알고 있다. 본인 스스로가 그러한 거친 세상을 뚫고 여기까지 왔기 때문에 누구보다 절실하게 안다.

　인생은 고통스러운 전쟁이다. 그의 목표는 인생이라는 전쟁에서 지지 않도록 자식들을 키워내는 것이다. 그저 편안하기만 한 회사, 만만하기만 한 리더는 가족을 지켜낼 수 없다. 리더라면 때로는 구성원들에게 각자가 가진 능력보다 한 단계 높은 목표치를 부여해야 하고, 혹독할 정도로 냉정할 수도 있어야 한다. 구성원의 상처를 먼 곳에서 쓸쓸히 바라봐야 하는 경우도 있다. 당장 달려가서 일으켜주고 어리광도 받아주고 싶지만, 자식의 미래, 구성원의 미래를 위해 외로운 길을 선택해야만 한다. 그래서 리더는 더욱 외롭다. 산이 높으면 외로운 법이리라.

용기 있는 선배만이 후배를 혼낼 수 있다

"성의와 열의에는 감동하지만, 능력만으로는 감동하지 않는다."

마루한의 직원교육 프로그램은 한창우 회장이 한 위의 말에서부터 시작된다. 능력보다 열의가 사람을 강하게 만든다. 열의가 있는 자는 결국 자신의 능력을 향상시키지만, 능력 있는 자가 반드시 열의도 높다고 할 수는 없다.

"그냥 마찰 없이 지내는 게 좋은 거야."라며 적당한 선을 그어놓고 동료의 실수를 대충 눈감아주는 직원은 오래가지 못한다. 동료나 후배를 아낀다는 좋은 의도로 그렇게 했을지 모르지만, 결국 무책임한 행동에 불과하다. 용기 있는 선배만이 후배를 혼낼 수 있다. 현명한 선배만이 후배를 강하게 키울 수 있다.

과거의 기억을 떠올려보자. 나를 꾸중하고 혼낸 상사나 어른은 평생 기억한다. 그 당시에는 섭섭하고 속상할지라도 시간이 흐를수록 그분들의 진심을 알게 되어 감사함을 느낀다. 하지만 꿀 발린 얘기만 해주던 상사는 흔적도 없이 기억에서 사라진다. 누군가를 혼내고 꾸중한다는 것은 사실 그 자체로 엄청난 에너지가 필요한 일이다. 관심과 애정이 있어야 함은 물론이다.

사실 남을 혼내는 것은 굉장히 어려운 일이다. 성급하게 말했다가는 괜한 오해를 살 수도 있고, "그러는 당신은 얼마나 잘하는데?" 하고 역풍을 맞을 위험도 있다. 혹여 그 후배가 나의 꾸지람 때문에 퇴사라도 하게 된다면 모든 책임을 뒤집어써야 한다.

그럼에도 불구하고 진정으로 후배의 성장을 원하는 선배는 쓴소리를 마다하지 않는다. 어떻게 해서든 후배를 납득시키고 그에게서 더 나은 모습을 이끌어낼 수 있도록, 혼내는 단어 하나도 고심해서 말한다. 사회라는 거친 환경에서 후배가 실력을 키우고 성장하기를 바라는 마음에서 혼을 내고 꾸중하는 것이다. 그러나 여기에 주지할 사실이 있다. 선배가 후배에게, 상사가 부하직원에게 감정적으로 지나친 쓴소리를 하는 것은 바람직하지 않다. 객관적이고 이성적인 태도를 유지하며 사실에 관해서만 정확하게 지적해주어야 한다. 그렇지 않고 자신의 주관적인 의견과 감정을 한데 뒤섞어 분풀이하듯 혼을 내면 오해가 생기고 반발만 자초하는 일이 될 수 있다.

가족 간의 대화를 생각해보자. 가족끼리의 소통에도 달콤한 말과 쓴소리가 뒤섞여 있다. 밥을 먹이고, 옷을 입히고, 잠을 재우는 것만이 부모의 역할은 아니다. 자녀가 어디 가서 예의 없다는 소리를 듣지 않도록, 아주 작은 부분까지 인이 박히도록 잔소리를 해야 하는 게 부모다. 때로는 눈물이 쏙 빠지도록 질책해야 하는 게 부모의 책무다. 이러한 부모의 역할이 조금만 소홀해져도 자녀와 부모 사이의 소통 부재로 발생하는 문제들이 생겨난다. 반면 지나치게 간섭하면 자녀가 반발하고 튕겨나간다. 그 사이에서 균형을 잘 잡는 것은 어른인 부모의 역할이다. 리더 또한 마찬가지다.

가정과 직장은 한 인간의 인생에서 가장 중요한 교육기관이다. 안타깝게도 최근 학교와 더불어 이 중요한 교육기관들이 뿌리부터 흔들리는 모습을 보이고 있다. 한국에서도 패륜, 자살, 등교 거부 등의 청소년 문제가 해를 거듭할수록 증가하고 있다는 소식을 들었다. 일본에서는 이미 1990년대부터 있어왔던 사회문제다. 양국의 이러한 사회현상은 모두 가정의 역할이 흐릿해지고, 가장이 무책임하게 방관해서 비롯된 것이라고 볼 수 있다. 가정에서 꾸중이 사라지자 오히려 아이들은 길을 잃고 방황하기 시작했다.

직장에서도 마찬가지다. 최근 직원들과 회사 사이에 마찰이 커지고 있다. 한국과 일본뿐만 아니라 전 세계적인 트렌드가 아닌가 싶다. 원하는 업무가 아니면 못 하겠다고 사표를 던지는 직원들, 자기를 푸대접한다며 상사의 당연한 권리조차 인정하지 않으려는 직원들, 메신저로 상사의 '뒷담화'를 나누느라 업무시간의 대부분을 보내는 직원들, 상사와 마찰이 생기면 선임 상사에게 가서 고발하거나 곧바로 SNS에 올려 비난을 퍼붓는 일곱 살짜리 어린아이 같은 직원들이 늘고 있다고 한다. 직원 탓만 할 것이 아니다. 가정에서 부모로부터 제대로 교육받지 못한 직원들도 문제지만, 회사에서 리더로서의 책무를 제대로 이행하지 못하는 상사들도 문제다. 가정과 직장에서 제대로 배우지 못하는 사람들이 늘어나면서 마찰과 갈등도 늘어나게 된 것이 아닌가 하는 생각도 든다.

제대로 혼나는 직원이 제대로 성장한다

마루한이 이뤄낸 성장의 밑바탕에는 제대로 혼나는 직원들이 있었다. 그들은 상사의 쓴소리, 잔소리 하나도 한 귀로 흘리지 않는다. 상사가 자신을 미워해서 꾸중하는 게 아니라는 사실을 알고 있기 때문이다.

꾸중을 자기성찰의 기회로 삼는 직원들이 있다면 그 회사의 미래는 밝을 수밖에 없다. 용기 있는 후배는 선배에게 고개 숙일 줄 안다. 비판이

나 꾸지람을 들을 때 속이 상하고 감정이 다치는 것은 사람이기에 어쩔수 없다. 때로는 자존심이 상할 수도 있다. 하지만 그 질책과 꾸중은 자신의 칼날을 날카롭게 만든다. 반대로 꾸중을 듣고 투덜거리는 사람은 그만큼 자신의 칼날이 무뎌질 뿐이다. 무뎌진 칼로 어찌 인생이라는 전장에 나설 수 있겠는가?

질책과 꾸중에 자극을 받아 그것을 동력으로 사용하는 사람이 있는가 하면, 반대로 어떤 이들은 오히려 더 삐뚤게 나가고 불평불만을 일삼는다. 마루한의 직원들은 전자다. 회사 차원에서 그렇게 생각하도록 훈련시키고 직원들도 기꺼이 그렇게 받아들인다. 자존심보다는 자신의 성장을 선택하도록 말이다. 당장은 자존심에 상처 입을지도 모르지만, 길게 보면 이런 태도가 진정으로 자신의 자존감을 높이고 자존심을 소중히 하는 길이다. 일을 하면서 진정으로 자존심 상한다고 생각해야 할 때는, 성장하지 못하고 정체되어버린 자신을 발견할 때다. 진정으로 자존심을 높이는 것은, '오늘 혼나더라도 내일 발전하는 자신을 만드는 태도'일 것이다.

일본 애니메이션의 거장 미야자키 하야오는 2013년 11월 〈조선일보 위클리비즈〉와의 인터뷰에서 이렇게 말했다.

"사람은 누구나 있는 것 자체만으로도 폐가 됩니다. 정말 폐를 끼치지 않는 게 중요하다면 서로에게 아무도 없는 편이 좋을 거예요. 폐를 끼치지 않는 관계란 있을 수 없습니다. 발톱을 세우지 않으면, 관계를 갖지 않으면, 어떤 것도 시작되지 않습니다."

그의 말처럼 동료에게 폐를 끼칠까 봐 두려워서, 그 때문에 꾸중을 들을까 봐 무서워서 소극적으로 행동하는 직원들도 있을 것이다. 하지만 사람은 타인에게 폐를 끼치지 않고는 성장할 수 없다. 차라리 당당하게 폐를 끼치고 혼난 뒤 반성하고 성장하는 게 바람직하다. 물론 메이와쿠 문화와는 다른 종류의 폐를 말하는 것이다. 비록 폐를 끼쳤지만 그것이 나중에 좋은 결과로 이어진다면 더 바랄 나위 없는 일이 아니겠는가.

지지 않는 체험을 하면 이기는 습관이 생긴다

누구라도 강해질 수 있는 최선의 방법이 있다. 한창우 회장의 해법은 명쾌하다. 바로 '강함의 기억'과 '지지 않았던 경험'을 만들어주는 것이다.

사람은 실패 앞에서 두 가지 모습을 드러낸다. 실패를 자기쇄신의 자극제로 삼는 사람과 거듭되는 실패의 늪에 관성적으로 빠져드는 사람이다. 현명한 사람들은 전자의 태도를 강조하지만, 사실 우리 대부분은 안타깝게도 후자의 삶을 살아간다. 그런 일련의 과정이 반복되면서 우리는 '지는 습관'에 길들여진다. 때로는 "나는 구제불능인가?" 하며 자책하기도 한다. 한창우 회장은 그런 이유 때문에 직원들에게 조그만 성공 체험이라도 만들어주려 노력한다. 성공 체험을 통해 실패의 두려움을 씻어주기 위해서다.

마루한에는 '이즘ism의 싹'이란 제도가 있다. 전 지점의 직원들이 겪은 모범사례를 공유하는 제도다. 《마루한이즘》에 수록된 한 편의 에피소드를 살펴보자.

폭우가 쏟아지던 어느 날, 마루한의 고객용 화장실이 전부 고장 나 쓸수 없게 되었다. 사전에 화장실 점검을 제대로 하지 못한 실수가 있었던 것이다. 더욱이 그날은 가장 바쁜 때인 주말이었고, 실제로 많은 고객들이 몰려들었다. 매장 직원들은 잠시 당황했지만 자신들이 할 수 있는 선에서 최선을 다하자고 다짐했다.

화장실을 사용하려는 고객들을 건물 밖에 위치한 화장실로 안내하고, 화장실 앞에서 대기하는 고객들에게 사과의 뜻으로 음료수를 대접하는 조치가 이어졌다. 이리저리 뛰어다니느라 직원들은 폭우를 피할 수 없었다. 그러자 오히려 고객들의 감탄하기 시작했다. 이 지점의 직원들은, 자칫 엄청난 비난의 화살을 받아야 할 상황에서 칭찬의 박수를 받게 된 것이다.

체험은 사람을 성장시키고 운명을 바꾸며 역사를 역전시킨다. 패배의 관성을 깨는 성공 체험을 할 수 있다면, 반드시 기회를 붙잡고 성공할 수 있다. 그렇게 운명이 바뀌고, 역사가 바뀌는 것이다. 리더란 구성원들에게 바로 그런 성공 체험을 선물하는 사람이다.

고객을 상대하는 직원이 보여준 작은 친절이나 상냥한 태도는 손님을 다시 오게 만든다. 수많은 레스토랑, 의류점, 백화점 등에서 수시로 고객의 불만과 원성이 일어나는 이유는 사실 아주 작은 데서 출발한다. 말을 함부로 하거나 불친절이 몸에 배어 있는 직원, 항상 거들먹거리는 태도와 불성실한 자세를 가진 직원을 보면 소비자는 두 번 다시 오고 싶지 않다. 그런 직원은 오너에게는 사약을 주는 사원임에 분명하다. 지금도 어디선가 회사에 누를 끼치고 말을 함부로 하는 직원은 반드시 존재할 것이다.

실제로 필자는 얼마 전에 이런 경험을 했다. 집 근처에 시설도 좋고 꽤 큰 레스토랑이 생겼다. 어느 날 지인과 그 레스토랑에 방문했는데, 마침 그날은 손님이 너무 많아서 우리 2명과 가족손님 4명이 대기를 해야 하는 상황이었다. 그런데 마침 레스토랑 한쪽에 2인석 테이블이 비어 있는 게 눈에 띄었다. 필자가 그 자리에 앉게 해달라고 부탁했더니, 직원의 대답이 '3명 손님이 올지도 모르니 좀 더 기다리라.'는 것이었다. 그 직원의 말대로라면 비어 있던 좌석 옆 테이블에 자리가 나도 3~4인 손님을 먼저 받아야 하므로 필자는 이유 없이 더 기다려야 한다는 뜻이었다. 좀 황당하기도 하고 말이 안 되는 설명이라 따져 물었더니 직원은 망설이다가 뭔가 못 마땅한 표정을 지으며 자리를 안내해주었다.

이런 발상을 가진 직원이 근무하는 한 그 레스토랑은 전망이 그리 밝아 보이지 않았다. 얼마나 많은 시비와 원성에 둘러싸이게 되겠는가? 만약 오너가 그 모습을 보았다면 어떤 생각이 들까? 한편으로는 직원교육을 제대로 하는 곳인가 싶어 한심하기도 했다. 이 레스토랑의 경우처럼 사람을 대하는 태도, 이치에 맞지 않는 억지 주장을 고집하다가는 고객만 잃을 뿐이다.

세상은 냉정하고 단순하다. 가게에 손님이 끊어지는 이유와 회사의 실적이 부진한 이유는 여러 가지가 있겠지만, 그중에서 사원의 행동거지는 무시할 수 없는 중요한 요소다. 그러기에 사원 한 명 한 명을 제대로 가르치고, 매사에 친절과 완벽을 추구하게 만드는 것은 무엇보다 중요하다고 생각한다.

리더가 떠난 뒤에도 성공할 수 있는가?

한창우 회장은 리더십이라는 것이 허상에 불과할 수도 있다고 말한다.

자신이 리더로서 잘했는지 못했는지는 자신이 떠나고 난 후에 구성원들에 의해 판가름 난다는 뜻일 것이다. 남은 직원들이 능력을 발휘해서 조직을 잘 이끌어 간다면 그 리더십은 성공한 것이다. 하지만 리더 한 명이 사라졌다고 해서 조직이 위태로워진다면, 이것은 구성원들을 제대로 교육시키지 못한 리더의 책임이다.

진정한 리더라면 자신이 떠나고 난 뒤에도 성공할 수 있는 조직으로 만들어야 한다. 리더의 행복은 자신이 떠난 뒤에, 후배들의 의지와 노력 그리고 성과에 아낌없이 박수칠 수 있을 때 찾아온다. 가장도 마찬가지다. 자신이 떠나고 난 뒤에도 씩씩하게 세상과 마주할 수 있는 자녀를 키워내고 싶은 것이 가장의 마음이다.

"리더는 그 무엇보다 지지 않겠다는 의지를 지녀야 한다!"

다시 가장의 근성을 떠올려보자. 한국의 가장들은 모든 고통을 감내하며 지금의 영광을 창조한 주역들이다. 그들은 온통 가시뿐인 선인장마저 품어 안았다. 삶의 고통은 그들을 아프게 했을지 몰라도 포기하게 만들지는 못했다. 그렇다고 해서 그들에게 엄청나게 대단한 철학이 있었던 것은 아니다. '내 가족은 내가 지킨다.'는 책임감과 사명감이 있었을 뿐이다. 가장은 가족을 건사하는 것을 인생 최고의 사명으로 여긴다. 내 자녀를 지키고, 내 직원을 지키겠다는 지지 않는 리더십이 오늘날 한국인을 위대하게 만들었다. 한창우 회장의 리더십은 바로 한국인 가장의 자세에서 출발했고, 그렇게 지금의 마루한을 탄생시켰다.

가장의 리더십이 대규모 조직을 이끄는 사람에게만 필요한 것은 결코 아니다. 단 한 명일지라도 자신이 지켜야 할 사람이 있다면 리더십이 필요하다. 리더십은 근성에서 출발한다. 사명감에서 시작하는 근성, 내 사람을 지켜내고 책임을 다하겠다는 그 거룩함을 배우고 추구해야 한다.

한창우 회장이
이야기하는
리더의 4가지 책무

1. 일의 가치를 '인정'하고 있는가?

2. 일을 뒷받침하고 돕고 있는가?

3. 지원을 아끼지 않는가?

4. 모두가 성장하도록 진심으로 돕는가?

3

누구도 대적 못할 자가 되어라

―――――――― 승자가 될 자격, 독보적 실력 ――――――――

實力

"

재능은 흔하지만 실력은 희소하다.
'재능'이라는 운명의 칼에
휘둘리는 자가 아니라,
'실력'이라는 칼 위에서
활개 치는 사람이 되어라.

"

마루한에서 신입사원이 첫 출근을 하는 날, 사원 입사식에서 한창우 회장이 가장 먼저 하는 당부는 이것이다.

"실력을 쌓아라! 실력으로 승부하라! 어디를 가서든 성공할 수 있는 실력자가 되어라!"

한창우 회장은 그 누구보다도 '실력의 힘'을 믿는다. 이기는 법은 무조건 실력이라고 주장한다. 본인 스스로가 지금까지 오로지 실력으로 버텨 왔기 때문이다. 사실 한국인만큼 실력의 힘을 신봉하는 민족도 없다. 실력이 없으면 가난한 나라, 힘없는 국민에서 영원히 벗어나지 못한다는 사실을 역사적인 경험으로 체득했기 때문이다. 한국인이 오늘날 승자의 역사를 창조해낸 이유는 실력으로 승부하겠다는 강인한 근성 때문이다.

그런데 현실을 한번 보라. 낙하산 인사나 학연, 지연 등으로 실력보다는 백그라운드를 가지고 쉽게 입사하는 사람들이 종종 있다. 아버지가 회장이라는 이유로 실력도 없는데 회사의 높은 자리를 차지하고 있는 자녀도 있다. 막강한 권력을 가진 누군가가 힘을 써주어서 곧바로 좋은 자리를 차지하고 들어가 거들먹거리는 사람도 있다.

필자는 예전에 한국에서 라디오, TV 교양 프로그램의 패널로 활동을 한 적이 있다. 밖에 있을 때는 잘 몰랐는데, 막상 들어가 보니 방송계는 거의 인맥으로 이루어진 거대한 고리였다. 유명한 사람의 자녀, 아버지가 PD라는 사람, 이름난 사람의 조카, 아내 등이 포진해 있었다. 그런 가운데 미운 오리새끼처럼 끼어 있던 필자는 이렇다 할 백그라운드도 유명세도 없었다. 그저 작가가 선정했다는 이유뿐이었다. 그런데 하필 그 프로그램의 아나운서가 아주 유명한 아나운서의 따님이었다. 그녀의 부친은 모르는 이가 없을 정도였다. 그런데 이 여성이 안하무인인 성격인 데다 방송에 임하는 자세가 매우 불손했다.

필자는 남에게 굽실거리거나 아부하지 못하는 성격이어서, 그녀의 이런 태도를 견디지 못하고 따끔하게 비판을 하고 그만둔 기억이 있다. 물론 한국 방송계가 다 그렇다고 보는 것은 아니지만, 필자가 경험한 안 좋은 기억은 쉽게 지워지지 않았다.

사람은 자신의 가진 장점과 실력으로 성공하고 높이 멀리 나아가야 하는 것이 당연하다. 그런데 세상 모든 것이 생각처럼 온전하게 돌아가지는 않는다. 그리고 그런 것을 접하면 비분강개하기도 한다. 그러나 세상은 점차 좋아질 것이고, 실력 있는 사람은 마지막에 결국 인정받을 것이다. 일본은 그런 면에서 아주 엄격한 편이어서 '낙하산'이라는 것이 상상도 하기 어렵다. 특히 부모의 후광은 절대 용납되지 않는 사회다. 요즘은 한국의 오너 경영자들도 자녀들을 혹독하게 가르치고 훈련시키며, 집안의 배경이 아닌 진정한 실력을 키우게 만든다고 들었다. 참으로 다행스러운 변화가 아닐 수 없다.

실력 없는 사람이 제일 시끄러운 법

승자들은 오로지 실력으로 밀어붙인다. 실력으로 해결하지 못하는 일은 운이나 요행도 기대할 수 없다고 믿는 게 승자들이 본성이다. 어쩌다 요행으로 작은 성과를 얻더라도 이를 만끽하기는커녕 오히려 더 긴장하고 겸손해한다. 반면 패자들은 어떻게 실력으로만 세상과 승부하겠느냐며 처세나 운, 요행을 바란다. 자신의 실력이나 근성으로 승부하지 않고 주변의 눈치만 살핀다. 잠깐의 성공을 맛보기라도 하면 여기저기 '있는 척'을 하며 티 내기 바쁘다. 실력 없는 사람이 제일 시끄러운 법이다.

승자와 패자의 기준은 오직 실력뿐이다. 회사도, 사회도 관심을 갖는 것은 그 무엇도 아닌 실력이다. 얼핏 보아서는 처세나 인맥이 성공을 좌우하는 것 같아도 궁극적으로 모든 승부는 실력으로 갈린다. 인생이라는 긴 승부에서 패자가 되길 원하는 사람은 아무도 없다. 그럼에도 왜 실력의 중요성을 간과하는 것일까. 실력을 키우고 그 힘에만 기대어 나아가는 길은 언제나 고생스럽고, 피로하며, 고통스럽기 때문이다.

한창우 회장은 자신이 볼링장 사업에 실패한 이유도 실력으로 승부하기보다 요행이나 운을 바랐기 때문이라고 반성했다. 그러한 반성을 통해서 그는 파친코 사업의 이미지를 긍정적으로 바꾸겠다는 각오를 다지게 되었다. 마루한이 전 세계적으로 사회공헌 활동을 활발히 펼치게 된 계기도 이때의 경험 덕분이다.

아울러 그때의 실패를 계기로 한창우 회장은 멀리 돌아가더라도, 고통스럽더라도, 손해를 보더라도, 오직 실력으로만 승부하겠다고 다시 마음을 다잡게 됐다고 했다. 이후 그는 지독할 정도로 실력을 쌓는 데 집중했고, 직원 양성도 그 점에 초점을 맞췄다. 결국 마루한이 성공을 거둔 이유에는 어렵지만 돌아가고 참고 인내하며 발로 뛴 회장의 노고가 숨어 있었다. 당시 한창우 회장은 낡은 자동차로 전국 곳곳을 다녔다고 술회했다.

이 이야기를 들으면서 필자는 켄터키프라이드치킨의 창업신화가 재현되는 느낌을 받았다. 65세 나이에 파산한 커넬 샌더스Colonel Sanders는 실패에 굴하지 않고 자동차에 압력솥과 닭을 싣고 여기저기 떠돌며 자신만의 프라이드치킨에 투자할 사람을 찾아다녔다. 1,008번의 거절 끝에 1,009번 만에 드디어 투자 유치에 성공한 그는, 이제는 레시피를 금고에 보관해야 할 정도로 세계적인 갑부가 된 것이다. 이것 역시 발로 뛰며 실험하고 자력으로 성공해 가난을 이겨낸 결과다. 이처럼 노하우는 기업의 성공 열쇠이며 스스로 알고 찾아내야 하는 것이라는 점은 변함이 없다.

직업에 귀천이 없듯 업무에도 귀천이 없다

필자가 만난 어느 자수성가형 임원은, 회사에 처음 입사했을 때 자신이 처음으로 맡았던 임무가 이면지 정리였다고 했다. 선배들이 사용한 문서의 스테이플러 심을 분리하고 정리하는 일은 솔직히 말해 매우 지루한 잔업이다. 하지만 그는 그 서류들을 통해 회사의 온갖 정보를 얻었다고,

그래서 업무에 더 빨리 적응하고 많은 것을 배울 수 있었다고 말한다. 오죽하면 그런 허드렛일을 맡게 된 것을 '축복'이라고까지 표현할까.

게다가 그는 문서에서 간혹 모르는 내용을 발견하면 신문을 찾아보거나 도서관에 가서 책을 빌려서라도 반드시 답을 알아냈다. 선배들에게 모르는 부분에 대해 질문하면 "자네가 오히려 나보다 회사를 더 많이 아는 것 같네." 혹은 "주어진 일만 하는 친구가 아니군." 하는 칭찬도 받았다. 임원이 된 지금도 그는 이면지를 모아 업무 노트로 사용한다고 한다.

지금은 대형 커피 프랜차이즈의 대표가 된 한 여성 CEO도 유사한 이야기를 한 적이 있다. 고졸 신입사원으로 대기업에 입사한 후 그녀가 맡은 일은 커피 심부름과 청소, 복사에 불과했다. 꿈이 큰 그녀로서는 도무지 흥이 날 만한 일이 아니었다. 하지만 그녀는 이 허드렛일에 인생의 승부를 걸었다. 매일같이 미소를 활짝 지으며 커피를 탔고, 가장 맛있는 커피를 타기 위해 연구했다. 시간이 지나자 그녀가 타주는 커피를 마시고 싶어 하는 사람들이 늘어나기 시작했다.

그녀는 어느 날 커피 한 잔을 들고 선배를 찾아가 "선배님, 저 모르는 게 많아요. 업무에 대해 가르쳐주세요."라고 청했다. 커피 한 잔과 회사 직무교육을 교환한 것이다. 그뿐 아니다. 복사하는 문서를 꼼꼼히 정리하며 경영 공부를 했고, 폐지로 버려진 신문들을 샅샅이 훑어보며 지식을 쌓았다. 결국 그녀는 자신이 다니던 대기업에서 최초로 과장으로 승진한 고졸 여사원이 되었다.

직업에도 귀천이 없지만, 일에는 더더욱 귀천의 구분이 없다. 모든 일은 그 자체로 빛난다. 자신이 가치 있게 받아들이면 그 어떤 일이라도 가치 있는 일이 된다. 하지만 "언제까지 이런 하찮은 일을 해야 하지?", "내가 고작 이런 일이나 하려고 비싼 대학 등록금 내고 졸업해서 이 회사에 들어왔단 말인가?" 하며 짜증스럽게 바라보면, 그 일의 가치는 마이너스가 될 뿐이다. 내가 그 일을 10의 가치뿐인 일이라고 생각하면, 그 일은 정말 10의 가치만 갖는다. 왜냐하면 그 일을 하는 내가 10의 가치에 걸맞게 처리하기 때문이다. 자신이 하는 일을 자랑스럽게 여기지 않는 사람은 시간을 헛되이 보내는 것이다.

남들이 천하게 여기며 하기 싫어하는 일이라도 자세히 들여다보면 배울 것이 있고 실력을 향상시킬 수 있는 길이 있다. 실력자들을 보라. 그들은 언제 어디서든, 무슨 일이든, 어떻게든, 열과 성을 다해 일의 가치를 높인다. 그러니 아무리 하찮은 일을 해도 결과가 다르다. 자신이 맡은 일의 가치를 높이기 위해 필사적으로 노력하는 사람만이 진정한 실력자로 성장할 수 있다. 반대로 아무리 힘들고 하찮은 일에서도 가치를 발견하는 사람이 진정한 실력자다.

한유 사장 역시 마찬가지다. 지금도 그는 캐디들과 골프장의 잡일을 하는 과정에서 경영의 모든 것을 배웠다고 한다. 어려운 일을 솔선수범하고 캐디들로부터 배우는 마음이 벌써 남다르다. 부정父情의 비정한 승부수는 제대로 먹혔다. 오로지 실력으로 성장하길 바라는 아버지의 마음을 아들이 이해했고, 제대로 부응하여 성장했다.

한유 사장은 일본에서 마루한을 키운 또 한 명의 실력자로 불린다. 그래서인지 일본 사람들은 마루한이 앞으로도 승승장구할 거라고, 지지 않는 싸움을 계속할 거라고 낙관한다. 창업자에서 후계자로 성공적인 세대 교체가 이루어지고 있기 때문이다. 바로 실력으로 말이다.

"눈을 높여 신神과 경쟁하시오."

그렇다면 실력과 재능은 어떤 관계일까? 흔히 실력이 선천적인 재능에 따라 좌우되는 것이라고 생각하는 사람이 많다. 재능을 갖고 태어난 사람만이 뛰어난 실력을 가질 수 있다는 뜻이다. 과연 재능이 없으면 실력도 키울 수 없는 것일까? 아니, 재능이 있으면 당연히 실력도 뛰어나질 수 있을까? 한창우 회장은 이런 말로 일축한다.

"재능은 흔하지만 실력은 희소하다."

재능이란 대단한 차이를 만드는 것이 아니라는 말이다. '재능이 있다.' 는 것은 그저 남보다 조금 낫다는 정도를 의미할 뿐이다. '발전 가능성이 있다.'는 표현이지, '발전했다.'는 뜻은 아니다. 피아노에 재능이 있다고 해서 누구나 피아니스트가 될 수 있는 것은 아니지 않는가. 재능이란 땅에 씨앗을 뿌린 상태에 불과하다. 풍년이 될지, 흉년이 될지는 하늘도 모른다. 재능을 과신하는 것은, 땅에 뿌린 씨앗만 믿고 만석지기가 된 것처럼 거만을 떠는 행동이나 다름없다.

더욱이 재능이라는 것은 복수형이지, 단수형이 아니다. 사람이라면 누구나 여러 가지 재능들을 가지고 태어난다. 그러니 "나는 재능이 없어." 라고 말하는 것 자체가 잘못된 생각이다. 그런 패배적인 발상 대신, 수많은 재능 중 자신에게 어떤 재능이 있는지를 파악해야 한다. 그리고 그것을 잘 갈고닦아 자기만의 실력으로 만들어야 한다.

한창우 회장은 자신에게 사업수완이 있음을 일찌감치 깨달았다. 그것 하나로 충분했다.

"사업의 장인匠人이 되고자 했다."

말 그대로, 그는 사업의 장인이 되고자 노력했다. 점포 하나를 운영할 때도 주먹구구식으로 하지 않고 치밀하게 비용, 승률, 이윤을 계산하며 사업의 원리를 파고들었다. 실력을 터득한 것이다. 원리를 터득하자 빠른

승자가 될 자격, 독보적 실력

속도로 사업이 확장됐다. 실력이 쌓이자 거칠 것이 없었다. 그가 재능을 발견하는 데서 멈췄다면, 지금의 영광은 없었을 것이다.

선천적으로 부여받은 많은 재능 중에서 자신이 개발하여 우월한 능력을 갖춘 분야가 실력이다. 그리고 이를 행동으로 옮겨 성과를 만들어내는 자가 실력자다. 실력자는 남보다 조금 나은 수준의 재능을 남이 따를 수 없을 정도의 능력으로 키운 사람을 가리킨다.

한창우 회장은 이렇게 주장한다.

"독보적인 면이 경쟁력이자 장점이다."

실력자가 되려면 무엇이든 독보적인 면이 있어야 한다. 독보적이라는 것은 차별적이라는 말보다 한 차원 더 높은 개념이다. 단순히 '남과 다른'이라는 표현으로는 부족하다. 남들이 상상하지 못하는 경지까지 올라갈 수 있어야 우리는 '독보적'이라고 말한다. 누구도 따를 수 없는 수준의 범위에 대해서만 독보적이라고 평가할 수 있다. 이것이 이른바 '장인'의 위치이고, 신의 경지다.

현대 광고의 대부라 불리는 데이비드 오길비David Ogilvy는 직원들의 책상에 "눈을 높여 신神과 경쟁하시오."라는 메모를 붙여놓았다고 한다. 실력자들은 대체 불가능하고 복제 불가능한 자신만의 분야로 세상과 맞서는 사람들이다. '재능'이라는 운명의 칼에 휘둘리는 자가 아니라, '실력'이라는 날개를 달고 칼 위에서 활개를 치는 사람이다.

물론 그 독보적 실력이 당대의 평가를 받지 못할 수도 있다. 현실은 혁신보다 현상 유지에 만족할 때가 많기 때문이다. 그래서 독보적인 실력가들은 때로 외로움과 두려움에 빠지기도 한다. 하지만 아무리 우리가 익숙한 현재에 만족한다 할지라도 변화는 거스를 수 없는 숙명이다. 시간은 멈추지 않고 흐르기 때문에, 정신없이 빠르게 변화하는 세상에 적응하기 위해서는 결국 혁신에 기댈 수밖에 없다. 그 혁신의 추는 바로 독보적인 실력을 갖춘 자들에 의해 당겨진다. 그리고 더 나은 세상은 바로 그런 실력가들에 의해 창조된다. 진정으로 세상을 감동시키는 것은 당대의 파고를 넘나드는 독보적 실력임이 분명하다.

미지의 행복보다 익숙한 불행을 선택하는가?

우리가 실력의 문턱에서 매번 쓰러지는 것은 누군가가 발목을 잡아서가 아니다. 자기 자신에게 속기 때문이다. '이만하면 됐어.', '어차피 난 안 돼.'라는 안일함과 나태함의 유혹에 빠져들면 패자의 근성에 사로잡히고, 결국 이 수렁에서 헤어날 수 없게 된다. 안일함과 나태함의 구덩이에 자신을 빠뜨리는 것은 타인이 아니다. 범인은 바로 자기 자신이다.

마루한은 1995년, 역사적인 도쿄 진출의 쾌거를 달성했다. 한창우 회장의 두 아들과 젊은 직원들이 발품을 팔며 도쿄 시부야에서 괜찮은 빌딩을 발견했다는 보고서를 제출했다. 하지만 이 건물은 파친코 사업을 하기에 적절하지 않았다. '공중점포'였기 때문이다. 공중점포란 2층 이상의 점포를 말한다.

파친코 점포에 1층이 없다는 것은 집객력이 떨어진다. 이를 성사시킨다면 말 그대로 전무후무한 점포가 될 것이겠지만 모험을 하기는 쉽지 않았다. 그러나 한창우 회장은 과감하게 모험을 택했다. 그런 다음 도쿄 시부야 점은 무조건 기존과 다르게 접근해갔다. 여성 고객을 위해 전용코너를 마련하고, 커플석도 만들었다. 이어폰으로 음악을 듣거나 TV를 볼 수 있는 기계 등 다른 점포에서는 찾아볼 수 없는 새로운 아이템들을 갖추었다. 라이벌 회사에서는 무모한 도전이라고 평가절하했고 회사 내부에서도 우려의 목소리가 컸다고 했다.

하지만 결과는 예상과 달리 대성공이었다. 오픈 첫날 1만 5,000명이 넘는 역대 최대 인원이 방문한 것이다. 놀란 업계 관계자들은 물론이고 언론 역시 마루한을 주목하기 시작했다. 일본 경영계에서는 이때부터 파친코 업계가 기업화, 전문화됐다고 평가하고 있다. 경영 컨설턴트 오쿠

노 노리미치는 자신의 책《마루한이즘》에서 마루한의 시부야 점포가 시발점이 되어 일본 전역에 파친코 타워들이 곳곳에 세워지게 되었다고 분석했다.

사실 일본 전역의 파친코 점포는 1층의 매우 넓고 목 좋은 곳에 자리 잡는 경우가 대부분이다. 멀리서 보아도 그 화려한 불빛이 파친코 매장임을 한눈에 알 수 있다. 고객으로서는 2층 이상을 꺼리는 심리가 있다. 유심히 관찰하면 부동산, 파친코, 편의점 등은 모두 1층에 있다. 반대로 생각해보자. 세탁소나 부동산이 2층 이상이라면 사람들이 쉽게 들어갈까? 파친코도 예외는 아니다. 쉽게 발을 들일 수 있는 곳이 아니면 고객을 끌어들이기 어렵다. 사람의 행동에는 타성이나 관행, 습관 등이 무섭게 자리 잡고 있어서, 이것을 깨려면 상당한 시행착오와 실패를 각오해야 한다. 그러나 특화된 경쟁력이 있다면 좋지 않은 조건도 좋은 조건으로 역전시킬 수 있다. 마루한의 공중점포 사례가 이 점을 잘 보여준다.

흔히 패자는 '현재의 나'를 고집하려고만 한다. '미래의 나'에 대해서는 그림을 잘 그리지 못한다. 이유는 간단하다. 현재보다 나은 미래를 만들려면, 태도에서부터 습관까지 지금까지 내가 가져왔던 모든 것을 새롭게 변화시켜야 하기 때문이다. 변화라는 것은 말처럼 쉬운 것이 아니다. 그래서 패자는 변화를 두려워한다. 익숙한 것을 좋아하고 낯선 것에 두려움을 갖는다. 어쩌면 이것은 평범한 인간들의 본능인지도 모르겠다. 대부분의 사람들은 미지의 행복보다는 익숙한 불행을 선택한다고 했던 어느 심리학자의 말이 떠오른다. 이처럼 사람들은 불확실한 미래에 도전하는 것보다 썩 만족스럽지는 않지만 현재의 나로 사는 것을 더 좋아한다.

하지만 승자들은 다르다. '현재'의 나를 냉철하게 판단하고 '미래'를 구상한다. 현재의 오류를 수정해나가며 미래를 건설한다. 이들에게 습관을 바꾸는 것은 별로 어려운 일도 아니다. 현재의 자신을 포기하는 데 두려움도 없다. 아니, 두렵더라도 그 두려움을 감수하고 변신을 감행한다. 이들에게 자신의 가치는 현재가 아니라 미래에 있기 때문이다. 고작 현재의 습관 때문에 목표를 포기한다는 것은 이들에게는 말이 안 되는 이야기다.

변명과 핑계는 허울에 불과하다. 우리는 종종 거울을 보면서 자기 자신을 속인다. "내 능력으로는 부족해.", "어차피 안 될 일이었어."라는 변명과 핑계를 늘어놓는 순간, 자기 자신에게 속고 만다. 성장하는 느낌이 없고 정체돼 있다고 생각한다면, 성장을 가로막은 범인이 바로 자신이라는 사실을 깨달아야 한다.

자신을 속이지도 말고 자신에게 속지도 말아야 한다. 내가 나에게 늘어놓는 변명과 핑계는 사실이 아닐뿐더러 그저 나 자신을 속이기 위한 헛

소리일 뿐이다. 자신과의 싸움은 우리에게 힘을 키워주기 위한 일종의 자연의 섭리다. 무조건 현재보다 더 나은 자신이 존재한다고 믿어야 한다. 그러면 실력을 쌓기까지 거쳐야 하는 처절한 고통의 시간들도 참아낼 수 있다. 니체도 이렇게 말했다.

"오늘의 나를 완전히 죽여야 내일의 내가 태어나는 것이다.

새로운 나로 변신하려면 기존의 나를 완전히 버려야 한다.

너는 너의 불길로 스스로를 태워버릴 각오를 해야 하리라.

먼저 재가 되지 않고서 어떻게 거듭나길 바랄 수 있겠는가?"

프로는 어려운 것을 당연하게 해내는 사람

야구에서 다이빙캐치(diving catch, 공을 향해 몸을 던지며 잡아내는 동작)가 나오면 관중들은 환호한다. 어렵게 공을 잡아낸 수비수에게 갈채를 보낸다. 그러나 정말 수비를 잘하는 선수들은 오히려 허슬플레이(hustle play, 민첩하고 투지 넘치는 플레이)를 할 필요가 없다고 말한다. 타구의 낙하지점을 예상해서 미리 자리 잡은 후 안정적으로 공을 잡아내면 되기 때문이다. 그렇게 하면 어려운 타구도 문제없이 받아낼 수 있다.

그러나 말이 쉽지, 공이 떨어질 지점에 미리 가 있는다는 것은 상당한 경지에 오르지 않고는 어려운 일이다. 어떻게 그들은 타구의 낙하지점을 미리 포착하고 침착하게 글러브를 갖다 댈 수 있는가? 실전이 아니라 연습에서 이미 허슬플레이를 충분히 해왔기 때문이다. 그들은 연습을 하면서 수천, 수만 번 그런 공을 받는 수비 훈련을 해왔다. 타자가 공을 맞추는 소리만 듣고도 그 공이 어디로 날아갈지, 숱한 연습을 통해 몸으로 익혀왔기에 예측과 예상이 가능한 것이다.

야구감독 김성근은 어느 인터뷰에서 "프로는 어려운 걸 당연하게 해내야 한다."고 말했다. 일이 어렵다고 투덜댄다면 프로페셔널이 될 수 없다는 소리다. 단언컨대 세상일은 모두 어렵고 난해하다. 일이 쉽다면 왜 그것을 '놀이'라고 표현하지 않고 '일'이라고 하겠는가? 직장에서 우리가 하는 일도 마찬가지다. 어려운 일을 하니까 돈을 버는 것이다. 그러니 어려운 일을 당연하게 여기고, 가급적 어렵지 않게 받아들이는 태도가 필요하다. 그러려면 훈련과 연습을 반복해야 한다. 수없이 연습해서 어려운 일을 가능한 한 '덜 어렵게' 만들어야 한다. 실력은 꾸준한 연습과 훈련을 통해서만 얻어질 수 있다는 사실은 아마 누구나 다 알고 있을 것이다.

'파친코는 도박이 아니라 스트레스를 푸는 레저산업이다. 그렇다면 이제 파친코에 능숙한 사람이 아니라 평범한 직장인이나 주부들로 타깃을

옮겨야 한다.'

'일본 파친코는 필연적으로 부정적인 도박장 이미지에서 벗어나 '현대화된 건전 레저문화' 쪽으로 가야 할 것이다. 그렇다면 내가 한번 바꿔보자.'

마루한이 성공할 수 있었던 결정적 이유는 파친코를 '도박'이 아니라 '엔터테인먼트 산업'으로 변모시켰기 때문이다. 그러한 변화는 수년간 홀로 서비스 산업의 미래를 연구했던 한창우 회장의 머릿속에서 시작됐다. 그는 지역주민 모임에 꾸준히 찾아가 파친코가 가진 장점을 설명했다. 여성도 찾아오기 쉽도록 매장 주변의 가로등을 회사 비용으로 밝게 개선했다. 내부 인테리어도 변화시키고 청결에 신경 썼다. 서비스 역시 더욱 향상시켰다.

여기에 '피버'의 등장이 기폭제가 되었다. '피버'는 IC칩이 내장된 파친코 기계로, 기술보다는 운에 따라 승부가 결정된다. 파친코에 능숙하지 않은 사람도 얼마든지 즐길 수 있다. '피버'의 등장으로 파친코 사업은 엔터테인먼트 산업으로 대중의 인기를 끌기 시작했다. 일본 사회에서 파친코를 바라보는 시각이 현재처럼 대중화된 계기가 된 것이다. 야구경기를 보듯, 영화를 관람하듯, 사람들은 이제 마루한에 가서 스트레스를 풀게 됐다. 당연하게도 마루한과 한창우 회장에게는 성공의 기폭제가 되었다. 역전 만루 홈런을 날린 것이다.

점포가 늘어나는 과정에도 한창우 회장의 오랜 경영학습이 큰 도움이 되었다. 경쟁력 있는 점포를 확보하기 위해서는 일본 전역을 샅샅이 뒤져야 했다. 그때는 지금처럼 부동산 관련 정보를 컴퓨터로 쉽게 열람할 수 없었다. 그래서 한 회장은 일일이 현장에 직접 가서 눈으로 확인했고, 자료를 보지 않고도 점포를 유치하는 데 필요한 각종 비용을 머릿속으로 계산하며 다녔다. 한창우 회장은 태생적으로 숫자에 강한 사람은 아니다. 하지만 훈련과 반복이 그를 숫자에 익숙하게 만들어주었다.

한국의 예능 프로그램을 보면 '개인기'라는 말이 자주 나오는데, 자신만의 조금 별난 능력을 말하는 것 같다. 한창우 회장에게도 재미있는 '개인기'가 있어 소개한다. 수많은 형광등 사이에서 다른 브랜드를 찾아내는 능력이다. 또한 그중에서 가장 오래된 전구도 쉽게 골라낸다. 오랜 시간 매일같이 천장을 바라보면서 고객을 위한 서비스를 고민했기에 얻을 수 있었던 별난 '개인기'라고 한다.

라이벌조차 인정하는 사람이 돼라

마루한의 직원이라면 가져야 할 3가지가 있다.

첫 번째는 목적과 목표이고, 두 번째가 친구 그리고 마지막이 좋은 라이벌이다.

한창우 회장은 라이벌이 자신과 마루한을 성공시키는 데 크게 기여했다고 말한다.

현재 일본 파친코 산업의 1인자는 당연히 마루한이다. 하지만 1990년대 초반만 해도 마루한은 2등에 머물렀다. 압도적인 차이로 1등 자리에 올라 있던 '오타'라는 기업이 있었다. 2위와 3위는 마루한과 '다이남'이었다.

그러나 오타는 부정을 저지르다 발각돼 영업이 정지되면서 사라졌고, 그 이후로는 마루한과 다이남의 1위 다툼이 거세졌다. 재일 한국인 3세인 사토 요지 사장이 운영하던 다이남은 점포를 200개로 늘리고 주식시장에 상장했으며, 시간당 사용료를 획기적으로 낮추는 등 선진적인 기법을 적극 도입했다. 그래서 한때는 다이남이 마루한을 제치고 업계 1위에 올라서기도 했었다. 이런 일련의 공세가 마루한에게 중요한 자극제가 되었음은 물론이다. 그때의 자극을 토대로 노력한 결과 마루한은 2004년부터 다시 다이남을 제치고 업계 1위 자리를 탈환할 수 있었다.

우리는 살면서 수많은 라이벌을 만난다. 때로는 자신이 누군가의 적이 되는 일도 비일비재하게 일어난다. 지금 파티션 너머 옆자리, 앞자리에 앉아 있는 회사 동료들도 나의 라이벌이 될 수 있다. 적이 없는 싸움터는

승자가 될 자격, 독보적 실력

없듯이, 시장이라는 싸움터에도 적은 늘 있을 수밖에 없다. 따라서 라이벌과의 경쟁을 두려워하는 것도, 감정적으로 미워하거나 질투하는 일도 사실은 무의미한 일이다. 매순간 라이벌을 두려워하거나 질투하면서 살 수는 없지 않은가? 성공한 라이벌을 향해 "운이 좋았다."라거나 "시대를 잘 타고났다."라며 폄하하는 것은 참으로 비겁한 행동이다. 우리가 가진 강점과 약점을 가장 정확히 알려주는 사람은 다름 아닌 라이벌이다. 그러니 라이벌의 존재를 부정해서는 안 된다. 벤저민 프랭클린도 이렇게 말하지 않았는가?

"적을 사랑하라, 그들이 너의 결점을 말해줄 것이다."

가끔 보면 상대를 음해하고 업계의 규칙이나 룰을 거부하는 경우도 있는데, 이런 행동은 이미 이길 자신이 없고 자신은 패배했다고 선언하는 것에 지나지 않는다. 라이벌에게 용감하게 도전장을 내밀고, 당당하게 경쟁하고, 결과에 깨끗하게 승복하는 게 마땅하다. 어쭙잖은 질투심 따위는 버려야 한다. 괜히 라이벌과 자신의 처지를 비교하면서 스스로를 더 비참하게 만들 필요는 없지 않은가?

라이벌을 대하는 최선의 방법은, 무조건 공정한 룰에 따라 실력으로 대결하는 것이다. 때로는 질 수도 있다. 하지만 실력으로 맞붙는 전투에서 궁극적인 패자는 없다. 지더라도 그 승부의 과정이 성장의 한 축으로 작용하기 때문이다. 상대가 나보다 뛰어나다고 인정하는 순간, 우리는 자신의 부족함을 깨닫고 비로소 성장의 계단을 오를 수 있다. 그러므로 실력으로 자신과 경쟁하는 적이 있다면 항상 고맙게 여겨야 한다.

마찬가지로 나 자신 역시 상대에게 훌륭한 적이자 실력으로 똘똘 뭉친 라이벌이 되어주어야 한다. 상대방에게 성장의 기회를 줄 수 있는 적이 되지 못한다면, 그의 친구도 될 수 없다는 의미다.

스스로 얻을 수 있는 것을 구걸하지 말라

삶의 위기가 닥쳤을 때 나약한 사람들이 하는 행동이 있다. 남에게 대신 해결해달라고 기대거나, 자신의 잘못이 아니라며 생떼를 쓰거나, 터무니없는 요구를 한다. 도움을 받지 못하거나 요구가 먹히지 않으면, 세상에 자기편은 하나도 없다며 한탄한다. 하나같이 스스로를 패배자로 만드는 행동이다. 문제가 해결되기는커녕 위기를 극복할 실력이 없음을 스스로 광고하는 것밖에 되지 않는다.

《돈키호테》의 작가 세르반테스는 "스스로의 힘으로 얻을 수 있는 것을 구걸하지 말라."고 했다. 자신의 문제는 자신이 극복해야 한다. 가혹하지만 세상이 그렇다. 이유는 단순하다. 내 인생이기 때문이다. 누가 내 인생을 대신 살아주는 것도 아니고, 마찬가지로 나 역시 누군가의 인생을 대신 살아줄 수 없다. 어차피 누구도 대신해줄 수 없는 일인데, 왜 자신의 인생을 타인에게 기대려 하는가?

인생이란 세상과 일대일, 맨투맨으로 전개되는 기나긴 전투의 연속이다. 진격할 때도 있고, 후퇴할 때도 있다. 중요한 것은 진격과 후퇴를 스스로 결정하고 행동해야 한다는 사실이다. 타인의 의사를 좇아 진격하거나, 타인의 도움을 받아 후퇴를 모면하는 것은 실력이 아니다.

한창우 회장은 자력으로 일어선 사람이다. 누구의 도움도 없이 스스로의 힘으로 회사를 키우겠다고 각오한 결과였다. 자립自立이란, 말 그대로 스스로 일어선다는 뜻이다. 누군가가 옆에서 일으켜 세워주었다면 그것은 자립이라 할 수 없다. 자립하기 위해서는 실력이 필요하다. 그 실력은 자기 안에서 나와야 한다. 구걸이나 요구로는 실력이 만들어질 수 없다.

인생에서 타인이 해줄 수 있는 것은 위로 정도다. 그 이상을 바라는 것은 욕심이다. 인간은 사회적 동물이지만, 동시에 외로운 존재이기도 하다. 사람들과 무리 지어 살지만, 누구나 자기만의 생각과 사연을 갖고 살아간다. 어느 누구도 자기 자신만큼 스스로를 이해해줄 수 없다. 그러니 "아무도 나를 도와주는 사람이 없다."며 한탄하지 말라. 세상에 나밖에 없는 것 같다며 어깨를 축 늘어뜨릴 필요도 없다. 내가 나를 알아주고, 내가 내 인생의 지휘관이 된다면 그렇게 기죽을 일도 없고 슬퍼할 일도 없다. 나를 위한 자리는 단 하나밖에 존재하지 않는다.

고독과 외로움에도 어느 정도는 익숙해질 필요가 있다. 인간이 고독한 것은 자연의 섭리다. 그러므로 타인과 어울리는 법도 배워야 하지만, 홀로 살아가는 데도 익숙해져야 한다. 삶에 위기가 닥치면 어차피 홀로 남을 수밖에 없다. 자신만이 이 인생의 유일한 지휘관이기 때문이다. 스스로 전술을 구상하고 전략을 세워야 한다. 지독한 고독과 외로움 속에서 탄생한 전술과 전략, 그리고 이를 통해 세상이라는 전투와 맞서는 힘. 우리는 그것을 참된 실력이라 부른다.

행운을 실력이라고 착각하면 곤란하다

행운을 이기는 건 실력밖에 없다. 승리는 행운이고, 패배는 현실이다. 어쩌다 운이 좋아서 승리한 것을 가지고 착각해서는 안 된다. 승리했다면, 다음에 해야 할 행동은 분명하다. 다시 처음으로 돌아가 실력을 쌓는 것이다. 패배는 실력을 향상시키는 계기가 된다.

이 진리는 우리에게만 통하지 않는다. 라이벌에게도 적용된다. 우리의 라이벌들은 패배한 이후에 한층 더 강해져서 돌아온다. 승리에 도취된 채 넋 놓고 현재에 머물러 있다면, 강해질 대로 강해진 적들과 맞서 싸울 수 없다.

인생에서 행운은 그리 자주 찾아오지 않는다. 한 번 이상은 기대하기 어렵다. 조금 이르게 온 인생의 행운에 도취된 채 그것이 실력인 줄 알고 착각하고 있다면, 이미 다음 승부 자체를 포기한 것이라 할 수 있다. 한 번의 행운에 도취되어 남은 인생의 모든 승부를 포기할 것인가?

마루한에서는 승리에 도취된 흔적을 발견할 겨를이 없다.

"상대방을 공격할 힘이 없으면 어느새 상대방에게 공격당한다."

이런 점에서 한창우 회장은 참으로 지독하다. 그래서 지지 않는다. 지독할 정도로 실력을 연마하는 자에게는 패배가 반복되지 않는다. 거품경제 후 장기 침체를 겪던 일본에서 마루한이 독보적으로 고도성장을 지속한 이유를 짐작할 수 있는 대목이다. 그의 아들 한유 사장은 아버지에 대해 이렇게 전했다.

"아예 '포기'라는 단어 자체를 모르는 분이다."

강자 앞에 강자로, 약자 앞에 약자로

대부분의 한국인이 해외로 이주하면 해당 국가의 국적을 얻는 것을 당연하게 받아들인다. 그런데 식민 역사 때문에 일본 국적만은 예외적으로 곱지 않은 시선으로 보는 경우가 많다. 그렇다면 한창우 회장은 왜 오랜 시간을 버틴 후에 일본으로 귀화했을까?

이유는 간단했다. 힘이 약한 상태에서 국적을 얻으면 자신도 모르게 이런저런 불리함을 수용할 수밖에 없지 않을까가 두려웠다. 일본 국적을 얻어야 한다면 실력을 기르고 강자가 되어 당당한 위치에 오른 후에 하고 싶었다. 그는 2002년 '한창우'라는 한국 이름으로 일본 국적을 취득했다. 당시 일본의 〈아사히 신문〉은 한창우 회장의 올곧은 행보에 놀라워하면서 "한창우, 나는 한국계 일본인!"이라는 특집 기사를 대서특필하기도 했다.

한창우 회장의 신념은 약자일 때 더 굳건했다. 그는 강자 앞에서 결코 비굴한 모습을 보이지 않았다. 그는 비록 자신이 약자라 할지라도 강자 앞에 무릎 꿇지 않는 진정한 강자로 살았다. 그 어떤 강자라도 실력으로 누를 각오가 되어 있었기 때문이리라. 하지만 강자의 너그러움도 잃지 않는다. 앞서 계속 언급했듯, 직원들 앞에서는 한없이 자애로운 미소를 짓는 사람이다.

일본에서 성공한 사람들은 대부분 일본을 적으로 생각하지 않으며 한국을 기피하지 않는다는 사실을 인지해야 한다. 간혹 일본에 사는 한국계 일본인을 바라보는 시선이 곱지 않을 때가 있는데, 이는 글로벌 무대에서 세계인들과 교류하고 경쟁하는 오늘날에는 어울리지 않는 시각이라고 생각한다. 많은 한국인들이 한국을 떠나 세계에서 꿈을 펼치고 있다. 국적을 바꾸는 것을 더 이상 특별하게 볼 일도 아니고, 오히려 '글로벌 인재'가 될 것을 장려하는 추세다. 때로는 고달프더라도 세계무대에서 국제적 안목을 키워야 한다.

최근 한국인 중에서 자녀의 영어 실력을 키우기 위해 어린 시절부터 유학을 보내는 경우가 늘고 있다. 그러나 그들에게 국적을 척척 내주는 나라도 없으며, 특히 일본은 국적을 취득하기가 아주 까다롭기로 유명한 나라다. 그러니 해외에서 활동하는 한국인들에게 애국심이라는 미명하에 한국 국적을 고수하라고 요구하는 것은 무리라고 생각한다. 오히려 그 나라에서 자국민으로 인정하고 받아들여줄 만큼 탄탄한 성공을 거두고 문제 없는 인생을 살아왔다는 점을 인정해주면 어떨까 싶다.

더욱이 한국계 일본인 국적자가 많은 것은 여러모로 한국에 좋은 가교 역할을 할 것이다. 자신의 권리를 당당히 주장하고 일본 내에서도 참정권, 투표권을 가진 한국계를 주목해야 한다. 그 비근한 예가 백진훈 민주

당 참의원이다. 백진훈 의원은 아버지가 한국인, 어머니가 일본인이다. 그리고 국적은 일본인이다. 이러한 사람들이 한국을 위해 많은 일을 할 수 있도록 기대하고 응원하는 것도 괜찮을 것 같다.

역사의 파천황으로 우뚝 서다

필자는 졸저《손정의, 세계를 로그인하다》에서 일본 에도시대 무사인 사가모토 료마와 소프트뱅크 손정의 회장을 비교해 공통점을 수록한 바 있다. 이번에는 원고를 쓰면서 자료를 조사하던 중 오다 노부나가와 한창우 회장의 공통점을 몇 가지 알게 되었다.

알려졌다시피 오다 노부나가는 16세기 혼란의 정국을 무력으로 제압하고 일본 통일의 기반을 닦은 인물이다. '울지 않는 새는 죽여버린다.'는 다혈질의 군인으로도 유명하다. 그와 한창우 회장의 공통점은 무엇일까? 필자가 꼽은 점은 다음과 같다.

— 빠른 판단력

— 인재발굴의 눈

— 경제의 중요성 인식

— 주변 정세에 대한 정확히 인지

— 새로운 문명, 기술을 잘 파악함

— 천하제패의 포부

— 자기 주도적인 삶

— 과감한 결단

— 확고한 원칙 중심

— 정확한 현실 입각

그중에서도 필자가 공통점으로 가장 중요하게 꼽는 것은 이제까지 아무도 하지 못했던 일에 도전해서 필사적으로 승리를 쟁취해낸 용맹스러움과 카리스마다. 오다 노부나가가 통일의 초석을 닦았기에 도요토미 히데요시를 거쳐 도쿠가와 이에야스가 통일의 대업을 이룩할 수 있었다고 평가한다. 때문에 비록 통일을 성사시키지는 못했지만 오다 노부나가는 일본인이 가장 좋아하는 전국시대 인물로 꼽히고 있다.

모든 역사가 전설이 될 수는 없다. 역사 중에서 독보적인 스토리텔링을 갖는 것만이 전설이 될 수 있다. 그렇다면 전설은 누가 만드는가. 바로 독보적인 실력으로 똘똘 뭉친 승부사다. 오다 노부나가처럼 말이다.

이처럼 아무도 하지 못했던 일을 처음으로 도전하여 이룬다는 뜻을 가진 단어로 '파천황破天荒'이 있다. 한창우 회장의 꿈은 바로 파천황이다. 그는 전 직원 앞에서 다음과 같이 강하게 주장한다.

"전설을 만들어라! 아무도 생각하지 못한 것을 탄생시켜라!"

실력으로 독보적인 존재가 되기까지의 과정은 고난의 연속이다. 시샘과 질투도 적지 않을 것이다. 이 과정도 우리는 받아들여야 한다. 패자들은 자신이 감당할 수 없는 자를 부정하게 마련이다. 실력자들은 과거를 깨고 미래를 탄생시킨다. 변화를 만들어낸다. 하지만 패자들은 변화에 익숙하지 못하다. 자신이 가진 기득권을 놓칠까 봐 엄살부터 부린다. 그래서 부정하고 비난한다.

그럼에도 시간이 지나면, 패자는 결국 승자에게 무릎을 꿇고 만다. 승자들이 만들어낸 변화가 결국은 자신에게도 도움이 된다는 사실을 깨닫기 때문이다. 어느 순간에 도달하면 독보적인 실력을 갖춘 자들을 비난하는 대신 찬사를 보내게 된다. 자신들이 더 이상 따라갈 수 없음을 깨닫기 때문이다. 시대의 아이콘이 된 스티브 잡스조차 독보적인 실력을 인정받기까지 엄청난 음해와 시기질투에 시달렸지만, 결국에는 찬사의 대상이 되지 않았는가. 지지 않는 자의 근성은 단순하다. 세상이 감당할 수 없는 실력자가 되는 것이다.

한창우 회장이 최근에 가장 우려하는 사회문제가 자살이다. 한국에서도 자살이 급증하고 있다는 소식에 한 회장은 매우 안타까워했다. 한 회장에게 그러한 극단적인 선택을 할 만큼 어렵게 사는 것을 피하려면 어떻게 해야 되는지 우문을 던진 적 있다.

"사는 건 원래 어렵다."

'마음가짐을 바꿔 긍정적으로 살면 세상이 즐거워진다.'고 하는 자기계발서의 주장과는 사뭇 달랐다. 하지만 그의 말이 맞다. 사는 건 원래 힘들고 어렵다. 한 치 앞도 모르는 길을 걷는 것이 쉽다고 하면 당연히 거짓말이다. 그렇기에 우리는 어렵고 고통스러운 삶의 순간들조차 당연하게 받아들여야 한다.

삶은 행복을 찾아가는 훈련이다. 이 어려운 훈련을 얼마나 당연하게 받아들이는지에 따라 미래가 달라진다. 훈련을 받아들인 자는 어떠한 어려움이 닥칠지라도 당연하게 받아들이고 행복으로 변모시킨다.

우리는 비단 일을 잘하는 실력뿐 아니라 삶을 살아내는 실력도 되찾아야 한다. 한국인의 강한 근성에, 생존하고 버텨내며 행복을 만들어내는 치열한 노력이 더해진다면 삶에서도 실력자가 될 수 있다. 지금 우리에게 닥친 고통과 어려움은 사는 동안 어차피 겪어야 할 훈련의 일부일 뿐이다.

한창우 회장이
일상에서
지키는 것들

필자는 한창우 회장과의 인터뷰를 통해 그의 생활습관 및 평소의 생각을 들을 수 있었다. 그중 독자 여러분과 나누고 싶은 몇 가지를 소개한다.

1. 아침에 일찍 일어날 것.

2. 헝그리 정신을 가질 것.

3. 한국은 낳아준 나라, 일본은 길러준 나라임을 기억할 것.

4. 항상 절약할 것.

5. 초심을 잃지 말 것.

6. 가족을 사랑할 것.

7. 라이벌을 호의로 대할 것.

8. 언제나 정직할 것.

4

삶과 일은 분리되지 않는다

전력을 배가시키는 신바람 나는 기운, 박력

迫
力

　　필자가 만난 외국인들 중에는 한국인이 어떤 사람들인지 궁금해하는
이들이 많았다. 한국에 대해 아예 모르는 사람보다는 오히려 한국인과 한
조직에서 오랫동안 함께 근무했던 외국인들이 더욱더 궁금해했다. 왜 그
럴까? 그들은 수년 넘게 같이 일했어도 한국인의 성향이 여전히 아리송
하다고 표현한다. 대개 다음과 같은 반응이다.

　　"가슴속에 용암을 품고 사는 것처럼, 한국인은 매일매일 뜨거운 열정
을 뿜어낸다."

　　"한국인처럼 잘 놀면서도 일 잘하는 민족이 없는 것 같다. 함께 일하면
일단 재미있어서 좋다."

"한국인은 불도저다. 결정이 나면 일사천리로 밀어붙인다. 추진력이 탁월하다."

비교적 긍정적인 시각임을 알 수 있다. 이들이 보기에 한국인들이 일하는 모습은 한마디로 '박력'이 있다. 말 그대로 힘 있게 밀어붙이는 역동적인 능력이 탁월하다는 것이다.

아울러 한국인의 기운을 '신바람'이라는 말로 표현할 수도 있겠다. 흥을 돋우는 기운이 매우 강하다. 신바람 나서 박력 있게 일하기에, 한국인은 매번 자신이 가진 능력 이상으로 높은 성과를 창출한다. 외국인들이 기이하게 여길 정도로 한국인은 남다른 승부근성과 열정을 가지고 노력한다.

'빨리빨리' 정신은 여전히 유효하다

필자가 보기에 한국인들이 스스로에 대해 가진 가장 큰 오해는 이것이다. 한국 사람들은 성격이 지나치게 급하다고 단정하는 부분이다. 혹자들은 '냄비근성'이라고 폄하하기도 한다. 그러나 실제로 외국인들을 만나보면 한국인의 '빨리빨리' 정신을 매우 높게 평가한다. 대표적인 인물로 세계적인 자동차 디자이너 피터 슈라이어Peter Schreyer의 말을 들어보자.

삶과 일은 분리되지 않는다

그가 2012년 한국경영학회 통합학술대회에서 한 말이다.

"'한국사람' 하면 '빨리빨리'가 떠오른다. 이것은 결코 나쁜 게 아니다. 오히려 이것이 바로 한국의 경쟁력이 아닌가 생각한다. 무엇이든 빠르게 발전하고 빠르게 배울 수 있다는 것은, 최고의 경쟁력이 될 수 있다. 빠른 속도 안에서 에너지를 유지하고 다이내믹한 도전과제들을 즐겁게 받아들이는 것 같다. 이것이 바로 '다이내믹 코리아dynamic Korea'의 경쟁력 아니겠는가."

한국인은 일할 때 빠르게 파악하고, 빠르게 상의하며, 빠르게 판단한다. 일에 열정적으로 다가가기에 빠르게 파악할 수 있는 것이고, 공동체 문화에 익숙하기에 빠르게 상의할 수 있는 것이다. 또한 잘못된 부분을 빠르게 인정하고 수용하여 시정할 수 있을 만큼 열려 있기에 빠른 판단도 가능하다. 일을 빠르게 진행한다는 것은 대책 없이 성급하다는 뜻이 결코 아니다. 빠르게 일할 수 있다는 것은, 그만큼 그 일에 대해서 개인적인 자세나 조직적인 차원으로 준비가 철저히 되어 있다는 뜻이다.

마루한의 조직문화에서도 '빨리빨리' 근성을 빼놓을 수 없다. 그 문화가 마루한을 일본 최고의 엔터테인먼트 기업으로 만들었다는 사실을 부정할 수 없을 것이다.

한국인들을 가리켜 참을성이 없다고 비판하는 사람들도 많지만, 갈수록 경쟁이 치열해지는 시장경제 사회에서 잘 살아남기에 가장 적합하고 필요한 근성이 오히려 '빨리빨리' 정신이 아닌가 싶다. 한국인의 '빨리빨리' 정신은 현대 경영의 핵심 키워드인 '혁신'과도 일맥상통한다. 혁신이란 '급격한 변화'를 일컫는다. 느린 변화는 '개선'이라는 단어로 표현해도 된다. 한국인들은 혁신에 익숙한 민족이다.

혁신은 한국인의 일상적인 생활태도다. 한국인들은 배워야 할 것이 있으면 빠르게 배우고, 바꿔야 할 것이 있으면 빠르게 바꾼다. 그러니 더 이상 우리가 가진 '빨리빨리' 정신을 폄하하지 말아야 한다. 오히려 우리 안에 그런 역동적인 근성이 살아 있다는 사실에 감사해야 할 것이다.

단, '빨리' 한다는 이유로 정확성을 잃으면 '빨리빨리'의 가치도 떨어진다는 점을 잊어서는 안 된다. 빨리 하는 데는 모자람, 부족함, 결여, 미완성 등 부정의 요소가 늘 따라다닌다는 사실을 잊지 말고, 완성도를 높이고 부족함이 없도록 신경 써야 한다.

일본은 모든 면에서 느리지만 정확하다. 필자가 보기에 그것은 결코 나쁜 것이 아니다. 빠르고 신속하고 정확하게 일을 처리하면 가장 좋겠지만, 느리게 하는 일과 빠르게 하는 일의 장단점을 다 알아야 한다고 생각한다.

사무실 복사기가 고장 나면 당신은 어떻게 하는가?

한 일본인 경영 컨설턴트가 필자에게 질문을 한 적 있다. 사무실에 복사기가 고장 났을 때, 다음의 3가지 유형 중에서 회사가 가장 선호하는 유형의 직원은 누구겠느냐는 질문이었다.

1. 다른 사무실로 가서 복사하는 직원

2. '고장'이라고 붙여놓고 지원 팀에 연락하는 직원

3. 스스로 복사기를 고쳐보려고 시도하는 직원

회사는 어떤 직원을 가장 선호하겠는가? 사실 3가지 중에서 콕 찍어 어느 유형이 가장 바람직하다고 단정할 수는 없다. 첫 번째 유형은 업무 효율을 중시하는 직원일 가능성이 높다. 두 번째 유형은 매우 친절한 사람이라 할 수 있다. 세 번째 유형은 다소 무모해 보인다. 복사기를 고치느라 자신의 주 업무를 미루거나 방치할 수도 있기 때문이다.

그런데 놀라운 사실. 질문을 던진 일본인 컨설턴트가 봤을 때 한국인 직원들은 대체로 세 번째 유형에 가깝다고 한다. 왜일까?

그가 관찰한 바에 따르면, 한국인은 호기심이 넘쳐난다. 프랑스의 소설가 베르나르 베르베르도 "한국인은 기성세대라 하더라도 늘 호기심을 유지하고 있다. 그런 역동성이 한국을 발전시키고 잘살게 만든 원동력인 것 같다."고 말하지 않았던가. 한국인 직원들은 대개 복사기가 고장 나면 '왜 그런 사태가 벌어졌는지?' 궁금해한다. 그리고 '복사기를 어떻게 하면 고칠 수 있는지?' 궁리한다.

한국인은 일을 배울 때부터 전체적인 시각으로 접근하는 민족이기 때문이다. 시쳇말로 '오지랖이 넓다.'고 말할 수 있다. 자신의 일에만 관심을 갖는 게 아니라 주변에도 시선을 돌린다. '오지랖'이라는 단어 자체에는 쓸데없는 관심과 참견까지 포괄하는 부정적 의미가 담겨 있지만, 오지랖을 무조건 폄하할 것은 아니다. 현대적인 시선에서 보면 오지랖은 매우 광범위하게 입체적으로 세상을 보는 시각이다. 어떤 상황을 하나의 시선으로만 보면 편견이 생겨난다. 무엇이든 다른 시각에서도 보고 전체적으로 조망하기도 해야 제대로 파악할 수 있다.

다시 복사기 이야기로 돌아가자. 한국인이 복사기를 직접 수리하는 이유는 눈치도 중요하게 여기기 때문이다. 혹자들은 눈치 보는 것에 대해 비판적으로 바라보는데, 사실 눈치란 나쁜 것이 아니다. 주눅이 들어서 혹은 아부하려고 눈치를 보는 게 아니고, 상황을 자신에게 유리하게 만들려는 사람들의 전유물도 아니다. 눈치란, 타인의 생각이나 감정을 읽어내는 수준 높은 판단력이다.

한국인은 복사기가 고장 났을 때, 우선 동료들의 눈치부터 살핀다. 그

삶과 일은 분리되지 않는다

리고 문제를 즉시 해결하지 않으면 그들의 업무에도 지장이 생긴다는 사실을 염려한다. 그래서 그들을 위해서라도 자신의 시간을 할애해 복사기를 수리한다. 자신의 입장에서만 생각해보면 시간도 노동도 낭비이거나 비효율적일 수 있다. 하지만 나의 작은 노력으로 전체 구성원들의 시간과 노동을 단축시켜준다. 비록 자신은 일이 늦어져서 야근을 해야 할지 몰라도 회사 전체로는 효율성을 높이는 행동인 것이다.

그렇다면 회사는 어떤 유형의 직원을 선호할까? 내게 질문한 그 경영 컨설턴트는 세 번째 유형이라고 단언했다. 주어진 일만 하던 관료주의 시스템의 시대는 이미 지났다. 일을 스스로 찾아서 만들고 처리하는 직원들이 많은 회사가 이긴다. 주어진 일만 하기에는 기업 생태계의 변화 속도가 매우 빨라졌다.

첫 번째와 두 번째 유형 또한 일 잘하는 직원임이 분명하지만 능동적으로 일을 찾아서 하는 유형은 아니다. 세 번째 유형은, 일을 탁월하게 잘한다고 볼 수는 없을지 몰라도 업무를 능동적으로 찾아서 하는 사람이다. 당연하게도 성장 가능성이 가장 높은 유형이다. 회사는 당장 일 잘하는 직원도 선호하지만, 그에 못지않게 성장 가능성이 높은 직원을 선호한다.

한창우 회장이 사업을 성장시킬 때도, 한국인 특유의 오지랖과 눈치가 한몫했다고 본다. 그는 점포를 개설할 때 개설비용뿐 아니라 해당 지역의 인구성장률이나 지나다니는 자동차 대수 같은 데이터까지 염두에 두었다고 한다. 남들이 보기에는 점포 개설과 크게 상관없어 보이는 항목들이지만, 이런 세밀한 것까지 조사하여 종합적으로 판단했기에 큰 성공을 거두지 않았을까.

태생적으로 한창우 회장은 사람의 마음에 굉장히 관심이 많다. 그리고 사람들의 경제 습관, 문화를 향유하는 태도, 욕망 등을 빠르게 잡아내 사업으로 연결시켰다. 이런 장점은 단편적인 '촉'이나 '감'과는 다른, 철저한 관찰과 관심의 힘이다. 눈치와 오지랖을 생산적으로 활용한 한창우 회장의 근성이 사업의 성공요인으로 작용했음은 부정할 수 없는 사실이다.

'배워야 한다'는 것을 배워라

성공한 사람들을 만나 인터뷰하다 보면, 문득 '묻는 자'에서 '대답하는 자'로 필자의 위치가 바뀔 때가 있다. 호기심 많은 상대방이 필자에게 질문공세를 하면서 상황이 역전되는 것이다. 실제로 성공한 사람들은 자신의 성공담을 얘기하기보다 타인의 생각을 듣는 데 더욱 관심을 기울인다.

엄청나게 높은 위치에 올랐으면서도 마치 세상에 대해 하나도 모르는 것처럼 호기심의 더듬이를 곧추세운다. 성공한 사람들의 가장 중요한 특징 중 하나가 끊이지 않는 호기심이리라.

한창우 회장은 말하기보다는 듣기를 좋아하는 사람이다. 자신의 성공담을 말할 때는 무척 신중했던 반면 질문을 할 때는 적극적이었다. 그리고 스스로를 매우 서툴고 모자란 사람이라고 말한다. 인생 앞에서 훨씬 더 서툴고, 많이 모자란 필자에게까지도.

그는 자신이 항상 부족하다는 인식에서부터 모든 일을 시작한다. 한참을 모르고 부족하기에 세상에 대해 지대한 호기심이 생겼고, 배우고픈 열망도 자연스럽게 커졌다고 말한다. 그에 덧붙여 한창우 회장은 이런 말을 했다.

"서툴다는 사실을 인정한다고 해서 나의 격이 낮아지는 것은 아니다."

그는 배움 앞에서 자존심을 내세우지 않는다. 모르면서 아는 척하거나, 없는데도 있는 '티'를 내는 사람이 아니다. 나아가 한창우 회장은 모든 사람을 스승으로 여긴다. 항상 누구를 만나든, 상대에게 적극적으로 배우려 한다. 남의 지식을 탐하는 데 한 치의 주저함도 없다. 배움은 누군가를 만나서 그의 이야기를 들으며 질문을 던질 때 더욱 영글고 깊어지는 법이다. 진심으로 배우겠다는 자세만 준비되어 있다면 배움의 기회는 언제 어디서 누구를 만나든 자연스레 생겨난다.

우리 주변에는 사람들이 참 많다. 그러나 그들이 전부 정직하거나 훌륭하거나 좋은 사람들은 아니다. 이들 중에는 배워야 할 사람도 있고 그렇지 않은 사람도 있을 것이다. 이를 잘 가려서 배움을 주는 이들을 많이 사귀는 것이 곧 인생의 재테크, 아니 인ㅅ테크다.

내 주위에 전문성을 가진 사람이 많다는 것은 배움의 기회가 그만큼 많다는 뜻이다. 재능이 많은 사람과 친구가 되면 여러 모로 좋다. 배울 것이 많기 때문이다. 노래를 잘 부르는 가수, 그림을 잘 그리는 화가, 피아노를 잘 치는 피아니스트, 교수, 의사, 변호사, 박사, 사업가, 요리사 등 그들의 전문성과 인생관을 옆에서 보다 보면 배울 것이 참으로 많다. 그게 바로 인맥이다. 인맥이 중요하다, 인맥을 쌓아라 하는 이유가 바로 그들을 통해 배우라는 뜻이다. 어쩌면 우리의 인생에서 인맥은 재산 목록 1호에 올려도 아깝지 않을 만큼 우리에게 큰 힘과 지혜를 준다.

나와 다른 분야지만 자신의 전문적인 분야에 종사하면서 최고가 된 사람과 친구가 되면 반드시 배울 점이 있다. 누구에게든 그 사람만 가진 장점과 기술이 있다. 그것에 귀를 기울이고 배우고 익히는 자세는 참으로 중요하다. 모르는 분야를 배우는 것은 단순한 견문에 그치지 않고 우리의 내면에 재산으로 축적된다. 특히 사업에 관심이 있거나 돈을 만지는 사람은 더더욱 지식과 정보가 많아야 한다.

인생에는 끝이 있을지언정 배움에는 끝이 없다. 배부른 자는 굶주리더라도 배우는 자는 허기질 일이 없다. 한창우 회장은 직원들 앞에서 배움의 중요성을 강조한다. 그런 의미에서 그가 자주 인용하는 어록은 첫 번째가 칸트의 "배움에서 가장 어려운 것은 '배워야 한다는 것'을 배우는 것이다."이다. 아울러 비스마르크의 "현명한 사람은 역사에서 배우고, 어리석은 사람은 경험에서 배운다."라는 메시지도 직원들에게 자주 건넨다.

그래서 한창우 회장은 독서를 매우 중요하게 여긴다. 배움에 다가가는 가장 좋은 방법이 독서이기 때문이다. 그 역시 독서량이 엄청난 것으로 알려져 있다. 그리고 음악에 조예가 남다른데, 음악에 대한 그의 지식과 열정을 듣고 있으면 방대한 지식창고를 보는 느낌이다.

책을 읽는다는 것은 다른 사람의 인생에 귀를 기울이는 작업이리라. 우리가 모든 인생을 전부 경험하기란 어렵다. 지구상에 70억 명의 인구가 있으면, 70억 가지의 인생이 있는 것이다. 사람은 책을 읽음으로써 그 안에 담긴 수많은 인생을 접하고, 그 속에서 다양한 지혜를 배울 수 있다.

요즘 일본도 전차를 타고 보면 세상이 많이 변했음을 실감할 수 있다.

전력을 배가시키는 신바람 나는 기운, 박력

예전처럼 책을 읽는 사람은 드물고, 대신 스마트폰에 매달려서 집중하는 사람들이 무척 많아졌다. 한국도 마찬가지라는 소식을 들었다. 물론 요즘은 신문이나 책의 정보를 인터넷으로도 다 볼 수 있지만, 사색할 여유나 깊이는 책에 있다. 최소한 책을 읽지 않는 사람과 읽는 사람의 차이는 상당하다고 본다. 사람과 만나 1시간만 이야기해보면 쇳소리가 나는 이가 있고 교양이 넘치는 이가 있는데, 그 차이는 바로 평소에 책을 읽는가 아닌가의 차이가 아닐까?

이것저것 따지지 않고 오로지 정면돌파

자신의 부족한 부분부터 먼저 생각하여 이리 살피고 저리 잰다면 꿈이라 할 수 없다. 원하는 바가 있다면 이리저리 재고 따질 시간에 꿈이 이뤄질 수 있도록 능력을 키우는 게 더 바람직하다. 공부를 못했다고 해서 돈을 왜 못 버는가? '공부 머리'가 부족하다면 다른 '머리'를 계발하면 된다. 이것저것 재면서 목표한 바를 추진하지 못하거나, 시도조차 하지 않는 것만큼 미련한 태도가 어디 있겠는가.

최고의 개그맨 유재석이 〈중앙일보〉와의 인터뷰에서 지난날을 후회한 적이 있다.

"나의 20대에서 가장 후회되는 게 뭐냐고 묻는다면 아무것도 안 하고 그냥 무의미하게 보낸 시간들, 멍하니 보낸 시간들이다. 허송세월하며 보낸 그 시간이 너무 아깝다."

고민만 하느라 주저하지 말고 과감하게 뛰어들어 가능성을 탐색해야 한다.

한창우 회장의 지난 이야기 중 가장 재미있게 들었던 부분이 결혼과 관련된 에피소드다.

젊은 시절의 그가 어느 날 찻집에서 케이크를 먹고 있는 젊은 여성에게 말을 걸었다. 다짜고짜 사귀자고 달려든 것이다. 당연하게도 그녀는 매우 당황했다. 하지만 한창우 회장의 정체 모를 박력에 매료되었는지 이름과 집 주소를 적어주었다고 한다. 그는 자신과 결혼을 전제로 사귀자며 8장이나 되는 장문의 편지를 보낸다. 대책 없는 무모함이리라. 다행인 것은 이 연애담이 해피엔딩으로 이어진다는 사실이다. 찻집에서 만난 그녀가 바로 한창우 회장의 부인, 한 나가코 여사다.

만약 당시 한창우 회장이 박력 있게 다가가지 못했다면 아내와 평생의 인연을 만들지 못했을 것이다. 우리 인생에서 주저하는 사이에 놓쳐버린 기회들이 얼마나 많은가. 연애도, 사업도, 사람도….

그의 결혼은 주변의 반대가 심했다. 특히 처가에서는 교제부터 결혼까지 모조리, 무조건 반대했다. 당시 한국인과 일본인 사이의 적대감은 지금보다 훨씬 더 심했다. 처가는 장인이 고베 제강에 재직 중이었고 처남 역시 금융권 대기업에 다니는 중산층이었다.

이처럼 장벽이 첩첩 가로막힌 상황에서 한창우 회장은 해답은 의외로 간단했다. 이것저것 재지 않고 오로지 정면 돌파했다고 한다.

어렵게 결혼에 성공했다고 해서 모든 것이 해피엔딩은 아니다. 한국인으로서 일본에서 일본 배우자와 생활하는 것은 그리 간단한 문제가 아니다. 사랑과 결혼에는 국경이 없다고 하지만 문화, 언어의 습관에서 오는 오해나 괴로움도 무궁무진하다. 사랑만으로 해결되지 않는 문화적 이질감을 어떻게 타파하는가도 관건이다. 그래서 그런지 한창우 회장처럼 가장으로서도 기업을 이끄는 수장으로서도 모두 성공한 이는 생각보다 많지 않은 것도 사실이다.

우리는 인생 앞에서 언제나 도전자의 위치에 서 있다. 도전하는 자의 상황은 언제나 열악하다. 그래서 도전이라 표현하는 것이다. 하지만 이 열악하고 불길한 상황에서도 반드시 도전이라는 행위를 해야만 성공이든 실패든 결과가 나오는 법이다.

지금 이 상황이 길한지 불길한지 책상에 앉아 재고만 있다면, 그것은 도전자의 자세라 할 수 없다. 성공한 사람들은 불길한 순간이라 할지라도 승부수를 던지는 데 주저하지 않는다. 성공과 실패의 운명을 만드는 것은, 승부수를 던지고 잡다한 문제를 정면 돌파하여 해결하는 과정에서 판가름 나기 때문이다.

혁신가들의 대담한 목표가 기적을 만든다

한창우 회장은 2005년에 새로운 계획을 발표했다. 5년 안에 연간 매출 2조 엔을 달성하겠다는 것이었다. 마루한은 2009년, 결국 목표를 달성했다. 2014년 현재 마루한은 연매출 5조 엔에 도전하고 있다.

일본 경제계 1, 2위를 달리는 소프트뱅크의 손정의 회장도 19세 때 50년 인생 계획을 세웠다. 20대에 이름을 알리고, 30대에는 1,000억 엔의 자금을 모으고, 40대에 승부를 내서, 50대에 1조 억 엔 대의 사업을 성공시키고, 60대에 후계자에게 자리를 넘기겠다는 것이었다. 이처럼 미래를 설계하고 그 계획을 차근차근 밟아나가며 성공한 사람은, 계획의 성취와 달성을 미리 예상한 것처럼 행동한다.

거대한 목표는 자칫 과도한 망상으로 보일 위험도 있다. 대단한 혁신가들은 엄청나게 과장된 수사를 동원해 자신들의 프로젝트를 소개한다. 대표적으로 고故 스티브 잡스만 해도 자신의 비전을 지구 정복도 아닌 '우주 정복'으로 설정하지 않았던가. 심지어 애플이 건축한 사옥도 평범한 사각형이 아닌 우주선 모양이다. 또한 버진 그룹의 리더 리처드 브랜슨은 신제품을 출시할 때마다 온갖 과장된 퍼포먼스로 전 세계의 이목을 집중시킨다. 나체쇼나 번지점프 등을 보여주는 건 이제 그에게 일상적인 퍼포먼스에 속할 정도다.

그러나 생각해보자. 미래란 '있는 그대로'가 아니라 현재 '없는 것'에서부터 시작된다. 회사의 미래뿐만 아니라 개인의 미래 역시 마찬가지다.

현재의 우리가 그릴 수 있는 미래는 당연히 정밀화가 아니라 추상화다. 미래를 예측하는 것은 가능할지 몰라도 정확하게 '단정' 지을 수는 없다. 따라서 미래를 내다보고 목표를 세우는 과정에서 100%의 정확성을 기대하기란 애초에 불가능하다. 그 불가능을 채우는 것이 실행하는 사람의 신념과 이상이다.

때로는 목표를 세울 때 신념과 이상을 과도하게 담는 경우도 있다. 아니, 오히려 경영의 대가들은 "너무 엄청나서 듣기만 해도 머리카락이 쭈

뺏 설 정도의 대담한 목표Big Hairy Audacious Goal를 추구하라."고 말한
다. 《좋은 기업을 넘어 위대한 기업으로》의 저자 짐 콜린스의 말이다. 목
표가 엄청나게 높고 대단하면, 그만큼 놀라운 집중력이 발현되고 상상력
이 발휘될 수 있다는 것이다.

　한창우 회장이 과장된 목표를 세운 것은 현재의 자료에만 근거한 것이
아니다. 마루한을 성장시키고픈 자신의 신념과 이상을 함께 담았고, 이를
직원들과 공유한 것이다. 그의 1차 목표는 이미 달성되었고, 이제 다음
목표를 향해 전진 중이다.

　한국인은 무모한 도전에 과감히 뛰어들 줄 아는 민족이다. 당연한 말
이지만, 우리는 '실현 가능성 100%'를 염두에 두고 도전한 적이 없다. 역
사를 돌아보라. 중국과의 사대관계가 엄존하던 시대에도 우리 조상들은
한글을 만들었다. 서구 문화가 갑작스럽게 진입하면서 도전을 즐기던 우
리의 근성이 다소 사그라진 것 같아 안타깝지만, 모험하기보다 지나친 안
정을 추구하는 것은 한국인에게 어울리지 않는다. 목표를 세우고 달려가
는 한국인의 근성을 다시 되살려야 할 때다.

　2014년 3월을 기준으로 마루한은 일본 전 지역에 걸쳐 299곳의 점포
에 19만 9,808대의 파친코 기기를 갖추었으며, 직원은 1만 1,827명에 육
박한다. 한창우 회장은 2015년 일본 부자 순위 7위에 올랐다. 무일푼의

소년이 타국에서 이룬 성과다. 담대한 목표가 오늘날의 그를 있게 한 것이다.

재미란 매사를 훤히 알고 있을 때 느끼는 감정

일은 즐거워야 한다. 누구에게 물어보아도, 좋은 회사란 '재미있게' 일할 수 있는 곳이라고 말할 것이다. 일을 즐기면서 해야 성과도 높아진다는 것 역시 누구나 아는 사실이다. 하지만 문제는 회사가 어떤 방식으로 직원들을 재미있고 즐겁게 일하도록 만들어주느냐 하는 것이다.

필자가 만난 대부분의 리더들은 이에 대해 의문을 품는다. 직원이라면 당연히 고생해서 일해야 하는 것 아니냐는 '갑'의 논리가 아니다. '즐겁게 일한다.'는 개념을 부정적으로 바라보는 것도 분명히 아니다. 다만 한 인간이 일을 통해 재미를 느끼기 위해서는 엄청난 기다림과 노력을 거쳐야 한다는 것을 알기 때문에 우려하는 것이었다.

리처드 브랜슨이 자신의 책 《비즈니스 발가벗기기》에서 이렇게 말했다.

"재미있게 일한다는 것은 가볍고 멍청한 행동을 한다는 게 아니다. 재미란 매사를 훤히 알고 있을 때 느끼는 감정이다."

회사에 휴게공간이 넘쳐난다고 해서, 업무시간을 줄인다고 해서 일이 즐거워지지는 않는다. 직원들이 인간적으로 서로 친하게 지내면 마음은 편하겠지만, 그렇다고 해서 개인의 일이 저절로 재미있어지는 것은 아니다. 이런 요소들은 일을 편하게 할 수 있도록 회사가 배려하는 부차적인 조건에 불과하다.

일에서 얻는 즐거움은 난해한 수학 문제를 풀었을 때의 쾌감과 유사하다. 뭔가를 이루기 위해 집요하게 고민하다가 마침내 해결했을 때 얻게되는 엄청난 성취감이 일에서 얻는 즐거움의 실체다. 그래서 일이 즐거워지려면 무엇보다 업무에 능숙해야 한다. 업무가 능숙해지려면 숙련의 시간이 필요하다. 숙련의 시간 동안 우리는 크고 작은 성과도 만들어내겠지만, 필연적으로 실패와 시련의 경험을 할 수밖에 없다. 왜일까? 실력이 부족해서다. 하지만 그 시련의 시간들을 이겨내고 업무에 능숙해졌을 때가 되면 우리는 스스로 깨닫는다. 자신이 하고 있는 일이 얼마나 재미있고 흥미진진한지. 그렇게 숙련과 시련의 과정을 통해 우리는 일의 재미를 알게 되고 재미있게 일하는 법을 스스로 터득하게 된다.

즐거운 회사는 업무에 능숙해진 구성원들이 일을 재미있게 할 때 만들어진다. 이것은 기업의 리더들이 하루아침에 뚝딱 만들어낼 수 있는 것이 아니다. 그들이 할 수 있는 건 분위기 조성과 지원에 불과하다. 구성원들이 스스로 자신의 실력을 쌓지 않는다면 일도 회사도 즐겁지 않다.

그렇다면 우리에게 좋은 회사란 어떤 회사일까? 많은 사람들이 가장 먼저 업무 조건과 연봉, 수당을 살핀다. '칼퇴근'이 가능한지, 성과급은 얼마나 나오는지. 이러한 것이 중요한 조건이 아니라는 말은 아니다. 하지만 그 배경을 잘 살폈으면 한다.

해외 기업들은 구성원을 '양성'하기보다는 우수한 자원을 '영입'하는 데 중점을 둔다. 우수한 구성원을 찾아내 계약을 맺고 엄격한 성과주의 원칙에 따라 수당을 지급한다. 대표적으로 미국 야구의 메이저리그를 보라. 마이너리그 선수들은 햄버거를 먹으며 불편한 버스로 대륙을 횡단해 경기에 임해야 하지만, 메이저리거가 되면 구단 전용 비행기를 타고 이동하며 최고의 환경에서 좋은 대우를 받으며 운동할 수 있다. 철저하게 실력 위주로 성과와 혜택을 지급하는 미국 문화의 단면을 보여준다.

반면 미국식 성과주의 시스템에서는 성과가 발생하지 않으면 바로 해고시킬 수도 있다(스티브 잡스가 직원들에게 호통칠 수 있었던 것도 그러한 미국 기업의 문화적 배경에서 이해할 수 있다). 철저한 계약관계다. 일 잘하는 사람들은 대접받는 대신, 업무에 미숙한 신입사원들이 뚫고 올라갈 틈이 그리 크지 않다. 그래서 명문대 출신들이 회사를 장악하고, 헤드헌터 문화가 발달했으며, 경력자가 각광받는다. 업무는 입사하기 전에 배워야 할 의무인 셈이다.

그에 비해 한국과 일본 등의 아시아 기업들은 '영입'보다 '양성'의 관점에서 구성원을 바라본다. 개인이 노력한다면 신입사원들에게도 기회의 문이 열려 있다. 물론 처음부터 그들에게 번듯한 직책과 혜택을 주는 건 아니다. 대신 업무를 터득하면서 성장하면 혜택이 점차 많아진다. 따라서 아시아의 기업들이 신입사원이 업무를 배우기가 수월한 편이다. 그리고 그런 환경에서 우직하게 업무를 배운 이들은, 자신이 차츰 성장한다는 성취감과 함께 일에 재미를 느낄 수 있다.

이제 막 사회에 진출하는 젊은 독자들에게는 미안한 얘기임이 분명하다. 더 나은 근무 조건이나 높은 연봉을 택하라고 권하는 게 듣기에는 달콤할지 모르지만, 현실은 분명 다르기 때문에 쓴소리를 하는 것이다. 성공한 사람과 수차례 인터뷰를 해왔던 필자로서는 그렇게 안이한 제안을 하고 싶지는 않다.

평생 일을 재미있게 하고 싶다면 자신이 능숙하게 실력을 발휘할 수 있는 일을 찾아야 한다. 편안한 조건이나 높은 연봉은 업무에 능숙해지면 자연스레 따라오게 마련이다. 어쩔 수 없이 세상은 점점 승자독식 체제가 강화되고 있다. 이 안에서 승자가 되고 싶다면 자기 일에 능숙해지는 수밖에 없다. 일을 즐기는 것보다 일에 능숙해지는 게 먼저다. 일에 능숙해지면 재미는 자연스럽게 따라오기 때문이다. 일을 배우는 과정은 단언컨대 엄청난 괴로움의 연속이겠지만, 결국은 뿌듯한 보상으로 다가온다. 또한 일이란 치열하게 진행되어야 재미가 있는 법이다. 치열하지 못한 일은 권태로울 수밖에 없다. 실력만 쌓는다면, 우리가 즐겁게 일할 수 있는 기회는 반드시 있다.

엄격함이 때로는 진정한 자비다

르네상스의 사상가 마키아벨리는 《군주론》에서 지도자의 덕목에 대해 다음과 같이 말했다.

"엄격함이 때로는 진정한 자비다."

경영의 신으로 불리는 이나모리 가즈오 회장 역시 2013년 1월 〈조선일보 위클리비즈〉와의 인터뷰를 통해 유사한 주장을 펼쳤다.

"리더는 철학자인 동시에 직원의 교사가 되어야 한다."

조직의 활력을 꾀한다는 명분으로 구성원들에게 무한한 자유를 주는 리더들도 있다.

2013년, 한국 프로야구에서 엘지 트윈스가 엄청난 돌풍을 몰고 왔다. 10년째 플레이오프에 진출하지 못했는데, 신임 김기태 감독이 등장한 이후 괄목한 만한 성장을 거두어 정규리그 2위에 올랐다고 한다. 궁금해서 그 비결을 살펴보았다.

원래 엘지 트윈스는 서울을 연고지로 한 자율야구의 태생지였다. 선수들 간의 격의 없는 문화는 좋았으나, 어느 순간부터 한계가 나타나면서 성적이 곤두박질쳤다. 이에 반해 김기태 감독은 등용되자마자 팀의 규율부터 단속했다고 한다. 우선 야구를 할 때는 한여름일지라도 정식 유니폼을 입게 했다. 반바지나 반팔 같은 편한 운동복은 입지 못하게 했다. 직업인의 자세로 야구를 대하도록 하기 위해서였다. 그리고 머리염색 등 화려한 치장을 금지했다. 멋 부릴 시간에 야구에 집중하라는 메시지일 것이다. 그 결과 모두의 예상을 깨고 엄청난 성적 향상을 이루었다.

규율을 세운다는 건, 구성원을 통제한다는 의미만이 아니다. 일과 업에 정신을 집중시키려는 지도 방안이다. 또한 구성원들을 하나로 통합해 좀 더 활력 있는 팀으로 만들기 위한 방법이기도 하다. 생각해보라. 매일 한자리에 모여 일하는데 각자가 서로 다른 태도로 일관한다면 조직이 하나로 뭉칠 수 있겠는가.

규율이 잡힌 상태에서도 얼마든지 자유롭게 의견을 주고받고 생각을 공유할 수 있다. 창의성은 외양의 어설픈 자유로움보다 일에 대한 집중력에서 출발한다.

성공이란, 한 사람이라도 더 행복하게 만드는 것

서양인들은 한국인들이 표정이 굳어 있고 웃을 줄 모른다고들 말한다. 하지만 필자가 세계를 두루 돌아다니면서 관찰해본 결과, 한국인만큼 잘 웃고, 잘 놀고, 노래 잘하는 민족은 본 적이 없다. 그도 그럴 것이 한국인은 기본적으로 사람들과 어울리기를 좋아한다. 앞서 얘기했듯 오지랖이 넓고, 호기심도 많은 데다 열정적이기 때문이다. 세상사에 관심도 많고 다른 사람들에게 배우려는 의지도 강하다. 사람들과 어울리기를 좋아하는 사람들이 어떻게 항상 뚱한 표정만 짓고 있을까? 서양인들에 비해 얼굴에 드러나는 표정의 변화가 적을 수는 있지만, 한국인들은 저마다의 방법으로 원활한 인간관계를 만들어가고 있다.

필자가 생각하기에 한창우 회장은 일단 많이 웃는 사람이다. 인생을 살면서 얼마나 많이 웃었는지, 인상이 참으로 호탕하다. 웃음과 위트는 한 회장을 만나본 사람이라면 곧바로 느낄 수 있는 대표적인 특징이기도 하다. 환하게 웃을 줄 아는 사람은 남을 시원하게 웃길 줄도 안다. 한창우 회장은 누구를 만나더라도 유머를 던질 줄 안다. 바쁜 경영 활동 중에 어떻게 채집했는지 알 수 없을 정도로 유머의 소재가 무궁무진하다. 그런 모습은 기본적으로 상대방에 대한 배려가 뛰어나다는 뜻이다.

한창우 회장이 만든 신조어가 있는데, '일소일약 일로일로一笑一若一怒一老'라는 말이다. 직장에서든 가정에서든 웃을 수 있다면, 그 자리를 밝게 하고 사람의 정신을 젊게 유지해준다는 의미다. 한창우 회장은 이러한 신념을 가졌기에 힘겨운 인생 앞에서도 늘 환하게 웃으며 젊은 마인드와 정신을 유지하며 살아가는 것이 아닌가 싶다.

지금도 필자의 기억에 생생하게 살아 있는 한 회장의 유머가 하나 있다. 한창우 회장과 1시간 이상 만난 사람은 대화 중에 배를 잡고 웃었던 기억을 가지고 있을 것이다. 물론 그 단순한 유머가 한 회장의 전부가 아님을 그의 인생이 말해주고 있다. 어떻게 우리의 인생사에 웃을 일만 있겠는가? 삶은 고통의 연속이고 슬픈 일은 언제든지 있게 마련이다. '일소일약 일로일로'의 신념은 인생이 즐겁기 때문에 만들어진 게 아니다. 고통스럽고 슬프더라도 웃음으로 대처하겠다는 의지의 표현이다.

그에게 슬픔과 고통은 감내해야 하는 감정이었다. 인생을 살다보면 어쩔 수 없이 괴로운 일이 찾아온다. 그런 순간들은 피하고 싶어도 피할 수 없고, 도망가고 싶어도 도망갈 수 없다. 그냥 받아들이는 것 외에는 다른 대안이 없다. 그래서 우리는 종종 타인에게 자신의 괴로움을 알아달라고 하소연하고픈 욕구에 시달린다.

필자도 일본을 비롯한 세계 여러 나라에서 오랜 타국 생활을 하면서,

혼자 고민하고 해결해야 하는 일들이 참 많았다. 오롯이 혼자 고민해야만 하는 시간들이 참으로 길었다. 더구나 어릴 때는 너무 외롭고 답답해서 혼자 울기도 많이 울었다. 하지만 그 시간들이 지금의 필자의 인생 저변에 굳건한 바탕이 되었다고 생각한다.

나의 문제나 고통은 다른 이가 대신 짊어지거나 해결해주지 못한다. 남들이 내 일처럼 고민해주거나 걱정해줄 수도 없다. 그래서 내 괴로움을 알아주는 사람은 오로지 나 자신밖에 없다. 필자는 개인적으로 남 앞에서 우는 사람을 약한 사람이라고 생각한다. 아무리 슬퍼도 남 앞에서는 울지 말아야 한다. 다른 누군가가 아닌 바로 나 자신에게 기대고 의지해야 한다. 그러다 보면 어느 순간 괴로운 감정들에 적응하고 차츰 완화되는 시기가 찾아온다. 스스로 감내하겠다는 의지만 분명하다면 말이다.

누구나 다가오는 인생 앞에서 한없이 외로워질 수밖에 없다. 한창우 회장은 그 외로움을 기꺼이 받아들인 사람이다. 웃을 때는 더 많은 사람들과 같이 웃었지만, 울어야 할 일이 생기면 외롭게 홀로 눈물 흘리는 인생을 살아왔다. 이 역시 그의 이런 신념에서 나온 것이다.

"인생에서 성공이란, 한 사람이라도 더 행복하게 만드는 것이다."

인간은 여럿이 있어도 결국 혼자다. '홀로 함께' 살아간다는 말이 더 맞을지도 모른다. 여럿이 있다면 사회적 존재이고, 홀로 있다면 외로운 존재다. 현명한 사람은 자신에게 주어진 외로움을 받아들이고, 주변 사람에게 자신의 외로움을 전파하기보다는 좋은 기운을 퍼트리고 북돋아준다. 앞에 있는 단 한 사람이라도 웃게 하기 위해 내가 더 밝게 웃고 유머를 건네는 것은 어떨까? 그런 사람으로 구성된 조직은 활기가 넘치고 신바람이 난다.

일터를 최고의 놀이터로

한국인은 노동과 일상생활을 분리하지 않는 삶을 살아왔다. 일하면서 놀고, 놀면서 일하던 민족이었다. 노동요를 비롯한 각종 노동문화가 한국인들처럼 발달한 민족도 없다. 그래서 우리는 일을 즐겁게 해왔다. 러시아의 작가 막심 고리키는 이렇게 말했다. "일이 즐거우면 인생은 낙원이다. 그러나 일이 의무가 되면 인생은 지옥이다." 이처럼 일은 우리에게 즐거움의 대상이었기에 고달픈 세상을 두려움 없이 살아갈 수 있었다.

근대화의 기적을 이룩하는 과정에서도 우리는 직장을 단순히 일하는 곳으로 생각하지 않았다. 직장 동료들 역시 단순히 일터에서 업무적으로 만나는 사람이 아니라, 선후배나 친구들처럼 끈끈하게 이어진 집단으로 여겼다. 자기 자리에서 혼자 샌드위치로 점심식사를 마치는 외국인들과

전력을 배가시키는 신바람 나는 기운, 박력

달리, 한국의 직장인들은 밥을 같이 먹는다. 저녁이면 술을 한잔 기울이면서 상사는 형과 선배로서, 부하직원은 소중한 동생이자 후배로서 함께 인생을 걸어가는 동반자가 되었다. 부득이하게 동료가 야근을 하게 되면 미안함에 담배 한 개비를 나눠 피우며 "내가 뭐 도울 일 없어?" 하고 함께 걱정해줬다. 뿐만 아니라 동료의 가정에 마음 아픈 일이 생기면 가장 먼저 달려갔다. 그리고 큰일을 치르는 동료를 위해 선뜻 조의금을 걷어주는 게 한국의 직장문화였다.

가족이자 동료인 사람들과는 일을 공유하는 동시에 개인적인 삶도 어느 정도 공유해왔다. 그런 끈끈한 정으로 구축된 한국인들의 문화가 한강의 기적을 만드는 근원이 된 것 아닐까? 아무리 불가능해 보이는 목표라 하더라도 서로 힘을 보태며 포기하지 않았다. 서로를 믿었기에 가능한 일이었으리라. 해외 기업에서는 좀처럼 찾아볼 수 없는 문화다. 그들은 철저한 계약 중심의 관계를 선진적인 기업 문화라고 주장해왔다.

그러나 최근 들어 일과 삶을 분리하지 않는 한국의 직장문화가 다시 주목받고 있다. 직무 교육 중심의 회사 교육제도에서, 좀 더 문화적이고 정신적인 형태로 변화해가는 해외 기업이 늘어나고 있는 것이다. 한국 기업처럼 부서마다 유니폼을 맞춰 입고 파티를 한다거나 술잔을 앞에 두고 파이팅을 외치는 경우도 늘었다.

물론 장점만 있는 것은 아니다. 단점도 있고, 그 안에서 불만을 가진 사람도 없지 않을 것이다. 그래서 얼마 전까지만 해도 이러한 한국의 직장문화에 대해 집단화된 군사문화의 잔재가 아니냐며 부정적인 시선으로 보는 사람들도 많았다. 하지만 한국의 기업문화가 세계적으로 각광을 받고 새롭게 조명되자 이런 문화의 장점에 대해서 다시 보는 인식이 생겨나기 시작했다.

인간인 이상 우리는 일에서 벗어나 살 수 없다. 특히 현대사회에서 일은 자신의 정체성을 드러내는 주요한 요소다. 서구 문화가 유입되면서 한동안 우리는 일과 삶을 분리시키려고 들었다. 출근시간부터 퇴근시간까지는 일하는 시간, 그 이전과 이후는 삶의 시간으로 말이다.

하지만 인간에게 일과 삶은 정확히 분리시킬 수 있는 영역이 아니다. 삶의 한가운데 일이 놓여 있고, 일의 중심에 나의 삶이 존재한다. 그리고 우리는 잠자는 시간을 빼고 깨어 있는 시간의 대부분을 직장에서 보낸다. 그래서 직장은 일터가 아니라 삶터다. 직장인의 놀이시간은 퇴근 후부터가 아니라 출근 때부터다. 일을 할 때는 박력으로 밀어붙이고, 동료들과 즐거운 기운으로 흥을 돋우며, 직장을 인생 최고의 놀이터로 만들어야 할 것이다.

전력을 배가시키는 신바람 나는 기운, 박력

아인슈타인은 열세 살 때 학교 교장으로부터 절대 성공하지 못할 것이라는 혹독한 비판을 들었다. 스티브 잡스는 휴렛패커드 사로부터 '전문대학도 나오지 않은 당신 같은 자를 고용할 수 없다.'는 통보를 듣고 발길을 돌려야 했다. 유명한 농구 선수 마이클 조던은 고교 시절 농구팀에서 탈락한 과거가 있다. 베토벤은 어린 시절 음악 선생으로부터 피아노에 재능이 없다고 핀잔을 듣기 일쑤였다고 한다. 비틀즈는 무명 시절 음반사를 찾아갔으나 음악의 수준이 낮다고 거절당했다. 사운드와 기타 연주가 엉망이라는 이유에서였다. 하지만 비틀즈는 세계적인 뮤지션으로 발돋움했다.

이처럼 수많은 성공자들은 주변으로부터 혹독한 비판과 악평을 들었지만 그것에 굴하지 않고 꿋꿋하게 자신의 길을 걸어가 성공에 당도했다. 누군가가 당신에게 혹독한 비판과 악평을 하는가? 그렇더라도 그것에 비관하고 굴복할 필요 없다. 나 자신이 아니라고 생각하면 그만이지 않은가? 남들의 말에 기죽고 의기소침해진다면 스스로를 나약한 사람으로 만드는 꼴이 된다. 비바람에 강한 나무가 든든하게 뿌리를 내리듯이, 사람도 마찬가지다.

인생만큼 흥미진진한 것이 또 있을까? 인간의 역사는 한 편의 대하드라마보다 흥미진진하다. 그만큼 예측할 수 없는 것이 인생이다. 우리네

삶과 일은 분리되지 않는다

인생은 강자와 약자가 처음부터 정해진 싸움판이 아니다. 역사를 돌이켜 보면 항상 도전과 응전이 존재해왔다. 거대한 제국 로마도 결국 무너졌고, 칭기즈칸의 제국도 사라졌다. 강한 자는 끝까지 살아남고, 약자는 항상 분수껏 고개 숙일 줄 알았지만, 언제나 역사는 작은 돌풍에 의해 흥망성쇠를 달리했다. 그래서 인생도 역사도 드라마라고 하는 것이다. 운명의 거대한 쓰나미에도 지지 않고 달려드는 사람은 박력이 넘치는 기운을 가졌다. 그리고 그런 기운이야말로 생에 반전을 만들고 역사를 재편해왔다. 그 정신을 되살려 다시 우리의 삶이 흥미진진해졌으면 좋겠다. 역전의 역사가 재현되기를 바란다.

업계 리더로서
마루한이 가진
3가지 비전

❖ 일본 파친코 업계에서 최고의 직원만족과 고객만족을 이룩한다.

❖ 모든 서비스업 중에서 최상의 서비스를 제공한다.

❖ 세계적 수준의 엔터테인먼트 기업이 된다.

삶과 일은 분리되지 않는다

마루한의
경영이념
(존재의의 · 최상위 가치관)

저희는 마루한이 삶의 기쁨과 편안함을 느낄 수 있고, 내일을 위해 몸과 마음을 재충전하는 장소가 되기를 바라며, 행복과 희망으로 가득 찬 사회를 만들어 나가기 위해서 노력해갈 것입니다.

사훈(마음가짐)

'창의와 연구', '성의와 노력', '신용과 봉사'

기업의 자세(사회에 대해 기업이 취해야 할 자세)

① 기업의 사회적 책임과 사회공헌

다양한 사회 문제에 진지하게 대처하고, 양식 있는 기업 시민으로서 책임을 다할 것입니다.

저희는 지역 시민의 커뮤니티 센터의 일원으로, 지역사회와의 '공감과 신뢰'를 이루어 나갈 것입니다.

② 파친코 업계를 바꾼다.

저희는 없는 길을 새로이 만들어 나가는 개척자로, 항상 새로운 도전을 계속해 나갈 것이며, 업계의 리더로서 파친코 업계가 사회에서 널리 인정받는 존재가 되도록 바꾸어 나갈 것입니다.

제공가치(고객 여러분께 제공해 드리고자 하는 가치)

'엔터테인먼트'는 작은 감동의 축적

저희는 '안심', '자극', '편안함'을 밑바탕으로 한 '작은 감동'의 축적에서 생겨나는 '엔터테인먼트'를 목표로, 이를 실현하기 위해 항상 노력하고 있습니다.

조직이념(조직으로서 기업이 갖춰야 할 자세)

① 공감 참가형 조직

"이상을 공유하고 스스로 참가하라."

저희는 앞으로 이루려 하는 꿈과 이상에 공감하고 자발적으로 동참함으로써, 늘 정열을 가지고 함께 꿈의 실현을 추구하는 조직이 되고자 합니다.

② 끊임없이 도전하는 조직

"실패나 변화를 두려워하지 말고 도전하라."

저희는 미래의 마루한을 개척하기 위해 어떤 상황에서도 현재에 만족하지 않고 도전함으로써 지속적으로 진화하는 조직이 되고자 합니다.

③ 팀 마루한

"I가 아닌 We로 생각하라."

저희는 함께 기쁨을 나누고 서로 도우며 더불어 성장하는, 강한 유대감으로 이어져 있으면서도 자립한 한 사람 한 사람으로 이루어진 조직이 되고자 합니다.

안심

'안심'이란 부정, 불쾌, 부족을 없애, 고객만족의 토대를 만드는 것을 의미합니다.

자극

'자극'이란 저희가 연출하는 '스릴'과 '찬스'로부터 생겨나는 '비일상성'을 의미합니다.

편안함

'편안함'이란 안심할 수 있는 '일상성'입니다. 이는 고객 여러분 사이, 고객 여러분과 저희 사이의 만남이 만들어내는 분위기에서 생겨납니다.

전력을 배가시키는 신바람 나는 기운. 박력

5

업즉신앙業卽信仰, 필요한 것은 사람이다

───── 세상과 사람을 매혹하는 매력, 인망 ─────

> "
> 효율은
> 일을 올바르게 하는 것이지만,
> 효과는
> 올바른 일을 추구하는 데서 나온다
> "

강함은 단지 날이 시퍼렇게 서 있다고 해서 만들어지는 것도 아니고, 매사에 옳고 그름을 따지거나 논하는 것도 아니다. 오히려 새털 같은 부드러움이 진정한 강함의 조건이 될 수 있다.

앞서 말했듯이 한국인은 눈치를 많이 본다. 하지만 눈치란 처세의 수단만이 아니다. 선한 의도로 상대의 마음을 헤아리는 '배려'의 개념에 가깝다. 한국인이 공동체 생활을 잘하는 데도 이런 이유가 있다.

필자는 한국인이 태생적으로 근본이 착한 사람들, 즉 진선지인眞善之人이라 생각한다. 이웃의 고통과 슬픔을 그냥 지나치지 못하고, 나라의 위기가 닥쳤을 때도 솔선수범하여 힘을 보탠다. 한국인이 보여주는 강함은 선한 부드러움에서 비롯된다. 선함은 사람을 끌어당기는 본능이다. 그리고 세勢가 갖춰질수록 힘은 강화된다. 힘으로 억눌러 억지로 끌어 모은 세력보다는 선함으로 자연스레 형성된 세가 강할 수밖에 없다. 한국인은 특유의 선함으로 강한 세를 구축해왔다. 사람의 부드러운 덕, 즉 '인망人望'이야말로 강함을 완성하는 중요한 조건이다.

세상에는 공기나 물처럼 돈으로 값을 매길 수 없는 것이 있다. 이타적 헌신, 배려, 신뢰, 의리, 정직 등 인간 사회를 풍요롭게 만드는 이런 요소들은 물질로 그 가치를 매길 수 없다. 이것들을 위해 때로는 세속적 가치를 포기해야 할 때도 있다. 하지만 세속적 가치란 어차피 일시적이고 단편적일 뿐이다. 그에 비해 우리의 인생과 사업은 영속적이다. 세속적이고 일시적인 가치를 좇기보다 영속적인 가치들을 추구해야 하지 않을까?

필자는 여러 가지 영속적인 가치들 중에 대표적인 것이 바로 '인망'이라 생각한다. 그렇다면 인망이라는 것은 무엇일까? 어떻게 해야 가질 수 있을까? 예컨대, 이타적 봉사심이나 헌신, 배려, 신뢰, 의리 등의 가치들은 놓치기 쉽다. 솔직히 살면서 지켜내기 어렵다. 인생과 비즈니스는 격동으로 점철되어 있다. 하지만 모진 풍파와 격랑 속에서도 우리가 이런 가치들을 지켜낸다면, '인망'이라는 보상이 따른다. 국지전이 아닌 전면

업즉신앙, 필요한 것은 사람이다

전에서, 단기전이 아닌 장기전에서는 결국 인망이 있는 사람이 승리한다. 특히 사람을 대하는 말 한마디를 보면 그가 성공할지 실패할지 반드시 알게 된다.

부자를 바라볼 때 생각해야 할 것들

— 그는 부자로서 장점이 있는가?

— 처음에 자산으로 가지고 출발한 금액으로 얼마나 늘렸는가?

— 아이템 개발 경험과 그에 관한 지식이 있는가?

— 많은 인생 경험을 했는가?

— 최선을 다하는 사람인가?

— 정상적인 방법으로 성공했는가?

— 진실한가?

대부분의 사람들은 부자에 대한 잘못된 선입견이 있다. 오만하다, 성격이 나쁘다, 이기적이다, 인색하다는 것 등이다. 더욱이 한국에서는 비정상적인 혹은 부정적인 방법으로 부자가 된 사람들이 있어서, 부자에 대한 이미지가 안 좋은 것도 사실이다. 실제로 개중에는 성격에 결함이 있는 이상한 부자도 있다. 자신의 생각과 다르면 온갖 형태로 상대방을 괴롭히는 유형도 있고, 없는 사람들에게 일부러 소위 '갑질'을 하는 부자도 있다. 시기, 질투, 품위 없는 언행 등 도무지 좋게 볼 수 없는 경우도 있다.

내가 아는 한 부자가 있다. 그는 출판, 인쇄 사업으로 상당한 경지에 올라 명성까지 얻은 부자다. 그런데 성격이 불같아서 부하직원, 가족에게 일단 소리부터 지르고 시작하는 유형이다. 한번은 아침에 면도를 하는데 잘되지 않아서 홧김에 거울을 깨부쉈다고 할 정도니, 그의 성격이 얼마나 괴팍한지 짐작할 수 있을 것이다. 필자는 그에게 돈보다 중요한 것은 가족과 사원이므로 이왕이면 좋게 말하고, 한마디라도 화내지 말고 따뜻하게 건네라고 조언했지만 그 후로 그가 달라졌는지는 잘 모르겠다. 좌우간 그런 부자도 있었다.

혼자 잘났고, 늘 소리치는 사람을 주변 사람들이 좋아할 수 있을까? 좋아하기는커녕 그를 만나기만 해도 마음이 불편하고 피하고 싶을 것이다. 남의 말을 듣지 않고 자기 생각대로 함부로 평가하고 툭하면 화를 내니 말이다. 그것은 겉으로 보기에 타인을 향한 분노지만, 실은 히스테리의 발산일 뿐이다. 이런 부자는 수천억 재산이 있어도 사람들이 외면한다. 부자는 아무나 될 수도 있다. 하지만 진정한 성공은 올바른 처신과 행동에서 비롯된다. 휴머니즘이 없다면 부자는 되었을지언정 인격이 없으므로 존경받을 수 없다.

내가 만난 부자들의 특성을 소개하겠다. 한 번의 행운으로 부를 거머쥔 사람들이 아닌, 한창우 회장처럼 한 발 한 발 성공의 계단을 밟고 올라온 사람들에게서 발견한 특징이다. 다음의 항목을 보면, 실력이나 집념 못지않게 인망이 중요하다는 것을 알 수 있을 것이다.

— 좋지 않은 일은 말하지 않고 깊게 생각한다.

— 화가 나면 화를 내지만, 화를 이기는 면이 강하다.

— 자기 주장을 강하게 하지는 않지만, 정말 해야 할 때는 포기하지 않는다.

— 끊임없이 연구한다.

— 성격이 신중한 편이다.

— 좋은 결정을 하기 위해 불리한 행동을 피한다.

— 선택은 항상 본인이 한다.

— 작은 부분도 세심하게 관찰한다.

— 말과 행동에 신용이 있다.

— 침착과 친절을 동시에 사용한다.

— 스스로 움직이고 스스로 일을 찾는다.

— 두려움이나 부정적인 생각을 사람들에게 전파하지 않는다.

— 낙천적인 생각을 키운다.

정직하면 불편하지만 그래도 기꺼이 정직하라

'바르게 살기'가 현실적으로 힘든 세상이 됐음은 부정하기 어렵다. 정도正道를 걷고 정직하게 살다 보면 부득이하게 불편함을 피할 수 없다. 특히 기업 경영을 할 때 종종 딜레마에 부딪힌다. 사업의 1차적 목표는 이윤 창출이다. 그런데 선하게 살기 위해 이윤을 포기해야 한다면 과연 어떻게 할 것인가?

최근에는 '윤리 경영'이 궁극적으로 더 큰 부를 창출한다는 분석도 나오고 있지만, 현실적으로 넘어야 할 장벽이 많다. 정도 경영을 하고 정직하게 사업을 운영하다 보면 기업 입장에서 기존의 수익을 포기해야 할 상황이 생기는 것은 주지의 사실이다. 그러다 보면 선한 경영을 주창하던 경영자는 갈등할 수밖에 없다. 이윤이 감소한다고 기존의 '선함'이라는 가치를 포기할 것인가?

한창우 회장은 분명하게 말한다.

"정직하면 소득이 감소하고, 이타적이면 불편할 수밖에 없다."

그러니 불편을 감수하라는 것이다. 이윤이 줄어드는 것을 감당하는 것도 결국 기업가의 책무다. 불편이 늘어나고, 이윤이 감소해도 정도와 정직을 내세울 수 있어야 진정한 기업가가 될 수 있다. 이윤창출은 이 모든 제약조건에도 불구하고 달성해야 할 경영자의 임무다.

　부정하게 돈을 벌기는 쉽다. 수단과 방법을 가리지 않는다면 더 쉽게 부를 창출할 수 있다. 하지만 경영은 험난한 덤불에서 길을 찾는 일이다. 경영자는 황무지를 경작하는 자다. 그러므로 험한 자갈밭이라고 원망하거나 겁을 먹고 지레 포기해서는 안 된다. 오히려 비옥한 양토 대신 험난한 황무지를 기꺼이 택해야 한다. 작은 돈에 연연하기보다 주어진 소명 앞에 당당한 경영자라면 그런 선택을 할 것이다. 돈을 벌기 불편하다는 이유로 부정한 방법을 동원하는 순간, 그 사업은 길을 잃는다. 그래서 경영이라는 게 어려운 것이다.

　경영과 인생은 별로 차이가 없다. 정도를 걷는 삶에는 음해와 모함이 따르고, 정직한 사람들에게는 주위 사람들의 질투와 시기가 난무한다. 그럼에도 우리는 의지와 인내, 용기를 무기로 정도를 걷고 정직한 삶을 추구해야 한다. 실제로 많은 선한 사람들이 그렇게 살고 있다.

　바르게 사는 삶이 불편하지 않을 리 없다. 당연히 불편하다. 그럼에도 정직과 정도를 택한다면 얻어지는 게 있다. 바로 '사람'이다. 사람들은 자신이 진정으로 신뢰할 수 있는 사람 뒤에 모인다. 누구나 정직한 사람을 좋아한다. 정직함은 곧 안전을 보장하니 본능적으로 정직을 선호할 수밖에 없다는 것이다.

불편을 감내하면서도 바르게 사는 것, 거기에서 얻어지는 것이 바로 인망이다.

옳은 일을 올바르게 하라

우리가 종종 착각하는 사실이 있다. 옳은 일을 하기 위해서라면 과정의 옳지 않음은 조금쯤 감수해도 된다는 착각이다. 하지만 바른 일이란 목적과 수단이 모두 바르고 정당해야 한다. 세계적인 경영학자 피터 드러커는 "효율은 일을 올바르게 하는 것이지만, 효과는 올바른 일을 추구하는 데서 나온다."고 했다.

누구나 그러하듯, 한창우 회장도 부정한 수단의 유혹을 많이 받아왔다. 처음 사업을 시작했을 때부터 일본인으로 국적을 바꾸고 귀화하면 더 편하게 할 수 있다는 제안을 많이 받았다. 그러나 그는 사업이 성공가도를 달린 후에야 귀화했고, 그 후로도 여전히 한국 이름을 사용하고 있다. 한창우 회장은 다음과 같은 생각을 했다고 한다.

'지금 내가 하는 일과 나의 생각이 바르고 정직한가를 꼭 짚고 가자.'

정직한 사람에게는 신뢰와 인망이 따르게 된다. 신뢰라는 것은 하루아침에 생기지 않는다. 더군다나 일본이라는 나라에서 외국인이 얻어내기는 상당히 어려운 가치임이 분명하다. 일본은 원칙 중심의 다소 경직된 관계가 '정도'로 여겨진다.

일본이라는 나라는 장점이 많다. 이 나라는 다른 무엇보다 부정에 엄격하다. 예를 들어, 집을 사면 세무서 직원이 직접 방문해 모든 것을 꼼꼼히 계산한 뒤 재산세를 추징한다. 매우 귀찮을 정도다. 더군다나 2인 1조로 방문한 세무서 직원은 물 한 잔도 얻어 마시지 않는다. 한 번 걸리면 제대로 당하기 때문이다.

기업에 대해서는 잣대가 더 엄격하다. 기업이 이중장부를 만들다가 적발되면 엄청난 처벌을 면할 수 없다. 부정과 부패 등 비리에 연루된 일본인들이 어떻게 사과하는지 TV에서 보았을 것이다. 심한 경우 스스로 목숨을 끊기도 한다. 부정부패를 절대 용납하지 않고, 원칙을 철저히 지키는 문화는 우리도 배워야 할 점이 아닐까? 그러한 일본의 비즈니스 풍토에서 한창우 회장만큼 높은 신뢰와 폭넓은 인망을 얻어내기란 극히 어려운 일이다.

일을 하면서 성취만 생각한다면 신뢰를 얻기 어렵다. 부자라고 해서 사람들이 무조건 신뢰하는 것은 아니다. 오히려 같은 일도 더 혹독하게 비판당하고 비난받기 십상이다. 그리고 책임감만으로도 부족하다. 무능한 사람이 책임감만 높다고 신뢰를 얻을 수는 없다. 성취와 책임감, 이 두 가지 요소가 함께 올라가 사람들로부터 인정을 받을 때 비로소 신뢰가 생겨난다. 나아가 성취와 책임감 그리고 신뢰가 정삼각형을 이룰 때 인망이 형성된다.

사람에게는 무조건 따듯하게 대하라

"세상에 적응할 필요는 없다. 하지만 사람에게는 적응해야 한다."

한창우 회장은 세상과 타협하지 않는 사람이다. 매 순간 세상과의 대결을 피하지 않았다. 매번 관행을 깼고, 혁신을 추구했다. 그럼에도 그가 모나게 살지 않고 인망을 쌓을 수 있었던 이유는 사람과 충돌하지 않았기 때문이다. 그는 기본적으로 사람을 사랑하는 정신을 갖고 있다. 한국인의 기본적 심성인 '정情'을 바탕으로 살기 때문이다.

종종 세상과는 쉽게 타협하면서 사람에게는 적응하지 않는 사람들이 눈에 띈다. 자신의 이윤 추구를 위해 타인을 비인격적으로 대하는 사람들이다. 탈세, 담합 등의 부정직한 방법을 사용하거나, 고객에게 돌려주는 혜택을 아까워하거나, 직원들을 도구로만 생각하는 기업가들이 이에 해당된다. 이렇게 사람을 사랑하지 않는 이들에게 과연 인망이 형성될 수 있겠는가?

사람과 사람 사이의 관계는 거래로 이루어진 게 아니다. 신뢰와 믿음을 중심으로 흐른다. 나에게 도움이 될 사람에게는 잘해주고, 별로 도움이 되지 않을 것 같은 사람은 내치는 식으로 살면 누구와도 신뢰를 쌓을 수 없다. 기업과 고객의 관계도 마찬가지다. 비록 기업과 고객 사이에 거래되는 것은 재화와 서비스이더라도, 그 관계의 주체는 사람이다. 기업은 고객을 거래 대상이나 돈벌이 수단으로만 생각해서는 안 된다. 함께 세상을 살아가는 동반자로 여겨야 한다.

더욱이 한창우 회장은 이 관계에서 무조건 고객이 주어가 되어야 한다고 강조한다. 그만큼 고객 지향적으로 기업을 운영해야 한다는 의미일 수도 있다. 하지만 더 정확한 의미는 모든 인간관계가 이타적이어야 한다는 것이다. 한 회장은 인간이 인간과 맺는 관계의 기본은 '이기'가 아닌 '이타'여야 한다고 늘 말한다. 그 말은 바로 인간관계는 '나'에 의한 게 아니라 '상대'에 의해 형성되어야 한다는 것을 뜻한다. 한 회장은 이러허게 말한다.

"내가 원하는 것만 채우는 관계는 오래가지 못한다. 대신 상대가 원하는 것을 내가 채워주는 관계가 형성되면 그것은 오래갈 수 있다."

다음의 이야기를 살펴보자.

1964년 한창우 회장은 미네야마 지역에서 '루체'라는 레스토랑을 열었다. 지금으로부터 자그마치 50여 년 전의 일이다. 미네야마는 당시에도 산업이 번성하였고 비교적 번화한 곳이라 최고급 레스토랑을 세운다는 게 수익성 면에서는 가능한 지역이었다.

하지만 당시 한창우 회장의 의지는 수익이 전부가 아니었다. 그렇다면 어떤 목적이 있었을까? 바로 음악이다. 한 회장은 음악을 무척 사랑했다. 그래서 자신이 사랑하는 음악에 걸맞은 최고의 서비스를 제공하겠다는 신념이 있었다. 만약 그런 신념이 없었다면 루체는 문을 열기 어려웠을 것이다.

고객, 상대방을 우선시하는 한창우 회장의 태도는 필자에게도 작은 감동을 주었다. 한 회장이 노다 가즈오 선생과 필자를 저녁식사에 초대한 적이 있는데, 상상을 초월하는 융숭한 대접을 받았다. 앞에서 밝혔다시피 한창우 회장에게는 필자가 일면식도 없는 남인 데다, 무턱대고 책을 내자고 제안했으니 귀찮을 법도 했을 것이다. 그럼에도 흔쾌히 집필을 허락하고 극진히 대접해준 것에 대해서 필자는 한 회장의 깊은 마음 씀씀이를 느낄 수 있었다.

이제까지의 이야기에서 한 회장과 마루한이 무엇을 추구하는지 대략이나마 느낄 수 있을 것이다. 현대인들은 분명 돈을 많이 벌고 싶어 한다. 하지만 돈만 추구해서는 돈을 벌 수 없다. 돈을 따라가면 오히려 돈은 도망간다. 돈이란 우리가 인생에서 얻고 싶은 가치 중의 극히 일부일 뿐이다.

돈이란 묘한 특징이 있다. 돈은 교환 수단이기에 독립적인 가치를 지닌 것이 아니다. 다른 가치들에 따라 상대적일 수밖에 없다. 고객은 '만족'을 얻어야 기꺼이 돈을 지불한다. 따라서 기업은 '고객의 돈'보다 먼저 '고객의 만족'이라는 가치를 추구해야 한다. 그러면 돈은 부차적으로 따라온다. 돈보다는 사람을 좇아야 궁극적으로 돈도 따라온다는 의미다.

그런데 우리는 종종 강하고 단단한 건물을 짓겠다고 하면서 기둥과 대들보만 살피는 우를 범한다. 하지만 건물이 단단한 기둥들로만 구성되는가? 기둥과 대들보 사이로 군데군데 빈틈을 지탱하는 작은 나무들도 건물을 단단하게 만들어주는 데 크게 기여한다. 어찌 보면 이 작은 조각들이 건물을 단단하게 만드는 가장 중요한 요소일 수도 있다.

최근 들어 고객중심 경영이 거의 모든 기업의 핵심가치가 됐지만, 간혹 고객 한 명 한 명을 건물의 기둥이나 대들보가 아니라고 하찮게 여기는 사람들이 있다. 하지만 매출 기여도가 낮더라도, 빈틈을 메워주는 고객 한 명이 있기에 사업이 단단해질 수 있다. 심지어 당장은 매출에 보탬이 되지 않는 이들이라 해도 기업을 받쳐주는 고마운 존재로 대해야 한다. 한창우 회장이 직원들에게 말하는, 고객을 향한 모토는 생각보다 단출하다.

"사람에게 따뜻하게 대하라."

이 짧은 문장으로 마루한이 얼마나 사람을 향해 노력하는 기업인지 알 수 있다.

부자는 고생을 수용하고 가난을 기억하는 자다

마루한 본사는 퍼시픽 센추리 플레이스 빌딩의 28층과 31층이다. 생각보다 깔끔한 인테리어와 검소한 공간이 인상적이었다. 회장의 접견실은 매우 심플했다. 화려한 장식은 거의 없었다. 어렵게 미팅이 성사되고 처음 방문한 날, 필자는 접견실에서 기다리는 내내 바깥 풍경을 바라보며 초조함을 달랬다. 드디어 한창우 회장이 비서와 함께 들어왔을 때, 필자는 편안한 안도의 한숨을 내쉴 수 있었다. 한 회장의 푸근한 인상 덕분이었다.

한창우 회장은 분명 성공을 생각하고 성공을 위해 달려온 사람이다. 그러나 힘든 날의 고생을 보상받고 싶은 마음 때문에 부자가 된 것은 아니다. 그는 이렇게 말한다.

"부자는 고생을 배워서 익히는 사람이다. 부자는 고생을 이해하고 수용하는 자다."

한창우 회장이 정의하는 부자는 3가지를 사랑할 줄 아는 사람이다.

첫 번째로 일이다. 일을 사랑하여, 그 일의 장인이 된 자가 부자다. 두 번째는 사람이다. 일을 사랑하기 위해서는 사람을 사랑해야 한다. 사람의 마음을 읽고, 사람에게 만족을 주며, 사람을 위해 사는 사람이 부자다. 세 번째는 자신을 사랑하는 사람이다.

부자는 부를 얻는 사람이 아니라, 부를 나누는 사람이다. 그래서 진정한 부자의 곁에는 사람이 많이 따른다. 경주 최 부자 가문을 생각해보라. 온 마을 사람들의 신임을 한 몸에 받으며 살아온, 진정한 의미의 부자가 아닌가? 한창우 회장도 다음과 같은 메시지를 직원들에게 전한다.

"회사의 이익만 생각하지 않고 지역사회와 나누려는 아름다운 마음을 가져야 한다."

한창우 회장이 정의하는 '부자가 사랑하는 마지막 대상'은 바로 자기 자신이다. 자신의 본질을 사랑하지 않고서 타인을 사랑한다고 말한다면,

그것은 온전한 사랑이 아니다. 자신을 사랑할 줄 아는 사람만이 남을 진정으로 사랑할 수 있다.

자신을 정말로 사랑하는 사람은 스스로를 남 앞에 드러내려는 욕심이 별로 없다. 고급 차와 화려한 취미생활로 자신을 포장하려 들지도 않는다. 그런 세속적인 가치에 자신의 본질이 묻히는 것을 싫어한다. 그들이 가장 선호하는 것은 진심으로 자신의 소명과 본분을 다하는 삶이다. 자신이 고생했던 과거를 부끄러워하지 않고, 지난 시간을 세속적인 포장으로 보상받으려 하지 않으며, 묵묵히 자신의 소명과 본분에 맞는 삶을 살아간다. 그것이 진정한 부자의 모습이다.

한창우 회장은 꾸준히 한국을 찾는다. 한 회장은 고향 땅을 찾을 때마다 앞으로 자신이 해야 할 소명과 본분에 대해 거듭 고민한다. 그렇게 어제를 기억하고 오늘을 반성하며, 미래를 준비하는 시간을 갖는다. 벼락부자는 결코 가질 수 없는 삶의 깊이다.

버는 것은 기술, 쓰는 것은 예술

"자본주의와 인도주의가 공존하는 길이 존재한다."

한창우 회장이 입버릇처럼 하는 말이다. 그는 한때 마르크스의 철학과

정치경제학을 집중적으로 공부하던 젊은이였다. 그러나 그는 세상이 필요로 하는 것은 사상이나 이데올로기가 아니라는 사실을 깨달았다. 더 나은 세상을 위해 필요한 것은 해묵은 이데올로기 투쟁이 아니라, 가족과 민족을 부유하게 만드는 길임을 각성한 것이다. 그런 맥락에서 그의 궁극적 목적은 돈을 버는 게 아니라, 돈을 사용하는 데 있었다. 한창우 회장은 돈을 잘 쓰기 위해 돈을 벌어왔다고 말한다.

나아가 그는 자본주의와 인도주의의 공존을 주장한다.

그는 어려운 환경에 처한 사람들을 돕고 싶어 한다. 유명한 사람들을 후원하는 곳은 많다. 유명한 스포츠 선수들은 기업의 후원을 많이 받는다. 하지만 아직 유명하지 않은 유망주들은 후원에서 소외되어 있다. 후원에도 '빈익빈 부익부' 현상이 일어나는 셈이다. 대학도 명문대학이나 상위권 대학은 기부금이 엄청나게 들어오지만 지방의 대학들은 재정난에 시달린다.

한창우 회장이 운영하는 장학재단은 앞길이 창창하지만 경제적으로 어려운 학생들에게 문이 열려 있다. 그들에게 장학금을 후원하고, 이를 통해 한창우 회장 본인 역시 희망을 얻어간다. 그 외에도 한창우 회장은 동일본 대지진이 일어났을 때 후쿠시마 현 주민들을 위해 기업인 중 최초로

100억 원을 기부했다.

한 가지 고백하자면, 이 책의 기획 과정에서 필자는 한창우 회장의 기부 활동 부분을 크게 다루고 싶었다. 하지만 한창우 회장은 끝까지 필자의 뜻을 만류했다. '도움을 주는 이'는 이름을 밝히고 싶다 해도, '도움을 받는 이'는 자신의 이름을 숨기고 싶지 않겠냐는 뜻이었다. 더욱이 드러내놓고 하는 선의는 자칫 사람들에게 기부를 강요하는 것처럼 보이기도 해서, 오해를 부를 수 있다고 염려했다. 그래서 고민 끝에 기부활동의 핵심 의미만 전달하는 정도로 축약했다.

우리는 몰락한 부자를 종종 보아왔다. 인생의 정점에 오르는 것보다, 인생의 정점에 머무는 게 더 어렵다. 부자가 되기보다 부자로 머무는 게 더 힘들다. 사장이 되는 것보다 오랫동안 존경받는 사장으로 재직한 후 아름답게 은퇴하는 게 더 어렵다.

부자는 몰락하기 쉽다. 정점에 오른 자에게는 내려오는 길만 남은 것처럼 보이기도 한다. 사장의 불명예스러운 퇴직은 어느새 흔한 일이 되어버렸다. 이유는 간단하다. 가진 게 너무 많아서다. 재산도 많고 명예도 많다. 동시에 타인의 시기심과 질투도 많이 받는다. 부자는 '가지고 싶은 것'만이 아니라, '가지기 싫은 것'도 때로 감당해야 한다. 때로는 '가지기 싫은 것' 때문에 '가진 것'이 훼손되는 경우도 많다. 그래서 부자란 다른 사람에 비해 상대적으로 지킬 것이 많다.

그러므로 필자는 부자의 정의를 다시 내리고 싶다. 부자는 부의 정상에 오른 사람이라기보다, 정상에 오르기까지의 고생을 기억하는 자다. 진정한 부자는 가난을 배운 사람들이다. 밥풀 하나도 흘리지 않고 깨끗하게 그릇을 비우는 농부의 마음을 아는 사람이 부자다.

또한 부자는 많이 가진 것을 향유하는 자가 아니다. 부자는 부를 어떻게 사용할지 아는 사람이다. 가진 것을 나누는 사람이다. 자신의 부를 끝도 없이 늘리기보다는 조금이라도 더 나누려고 하는 자다. 돈을 어떻게 잘 쓸 것인가에 대한 숙제를 안고 사는 자가 부자다. 그런 고민을 오래 해왔던 한창우 회장은 필자에게 이런 메시지를 주었다.

"돈을 버는 것은 기술이고 돈을 쓰는 것은 예술이다."

필자는 이 말이 참 아름답고 멋지게 들렸다.

한창우 회장은 오래 전부터 국제 사회에도 눈을 돌리고 있다. 그 대표적인 사업이 캄보디아, 미얀마, 라오스에서 벌이는 '마루한 재팬 은행'이다. 마루한은 예전부터 캄보디아의 시골마을에 우물을 파고 도서관을 세우는 활동을 지원해왔다. 마루한 재팬 은행은 일본 기업뿐 아니라 세계 각국의 기업들로부터 투자를 유치해 캄보디아 경제를 활성화시키기 위해 노력하고 있다. 세계의 여러 기업들이 좀 더 쉽게 캄보디아에 진출하여 발전할 수 있도록 폭넓은 금융 서비스를 제공하는 것이다. 이렇듯 국제 사회에 기여하겠다는 포부를 갖고 있다.

사실 그는 은행과 관련해 아픈 기억이 많다. 사업 초기에는 한국인이라는 이유로 대출을 받을 수 없었다. 한 회장 자신이 은행에서 받은 상처를 뼛속 깊이 알고 있기에, 가난한 사람들에게 가장 필요한 것은 은행이라고 판단한 것이다. 자신의 상처를 원망으로 남겨놓지 않고 오히려 어려운 사람에게 베푸는 지혜로 만드는 승화시키는 것이 그가 소명과 본분을 다하는 방법이리라. 그는 이러한 오랜 공로로 캄보디아 왕국 훈장 제1등장을 받기도 했다.

여기서 필자는 최근 일본에서 만난 방글라데시의 노벨 평화상 수상자인 무하마드 유누스Muhammad Yunus가 생각난다. 그는 어떤 사람이기에 노벨 평화상을 받았을까?

빈곤 국가 방글라데시에서 27달러를 빌려준 것이 계기가 되어 빈곤 은행을 개설한 이래 그는 가난한 사람들을 위한 은행 설립을 주도하게 된다. '소액대출'이라는 소셜 비즈니스 모델을 창안해 가난한 이들의 대부가 되었다. 무하마드 유누스의 목표는 개인의 이익 극대화가 아니라 사회의 이익을 극대화하는 것이다. 즉 사회의 이익을 높여 개인의 빈곤을 완화하는 것이다. 실제로 그는 이러한 목표를 향해 한 걸음 한 걸음 나아가 성공시켰고, 세계를 놀라게 하고 있다.

1976년에 그가 세운 그라민 은행은 가난한 차용인들을 위해 운영된다. 차용인이 은행 총자산의 90%를 소유하고 나머지 10%는 방글라데시 정부가 소유한다. 이 프로그램을 통해 극빈층 700만 명 이상이 가난에서 벗어날 수 있었고, 전 세계적으로 1,000개 이상의 유사한 은행이 생겨났다. 마루한 재팬 은행 또한 그라민 은행처럼 개발도상국가의 빈곤한 이들에게 새로운 희망을 줄 수 있기를 고대한다.

잘하는 것과 좋아하는 것

한창우 회장은 젊은 날 결핵에 걸려 6개월간 병원에 입원한 경험이 있다고 한다. 가난과 아픔으로 절망의 시간을 보내던 그에게 한 줄기 희망으로 다가온 게 라디오에서 나오던 아름다운 클래식 음악이었다. 하도 열심히 들어서 퇴원할 즈음에는 곡의 일부만 들어도 연주자를 알아맞힐 정도였다고 하니 놀라운 열정이다.

클래식에 대한 관심은 한창우 회장을 문화와 예술 방면으로 인도했다.

한때 그는 문화예술의 선진국인 프랑스 유학을 꿈꾸기도 했다. 하지만 배고픔에 허덕이는 재일 한국인에게 그런 꿈은 가당치도 않았다. 대신 그에게 주어진 것이 사업이었다. 어찌 보면 한창우 회장은 사업가가 된 예술인이라 할 수 있다. 지금도 그는 한 번도 문화예술에 대한 꿈을 포기하지 않았다고 말할 정도다. 언제나 자신의 삶에는 문화와 예술이 넘친다고 말한다.

젊은 시절에 갖는 가장 큰 고민이 무얼까? 아마도 누구나 한 번쯤 가져봤을 고민이 '잘하는 것'과 '좋아하는 것' 사이에서의 방황이 아닐까? 잘하는 것을 추구하다가 진정으로 좋아하는 것을 잃을까 두려워하기도 한다. 한창우 회장은 이러한 방황 사이에서 일정 정도 답을 찾은 사람이다. 그는 이런 고민을 하는 젊은이들에게, 자신이 진정으로 좋아하는 일이라면 어떤 상황에 닥치더라도 잃어버리지 않을 것이라고 조언한다. 좋아한다고 반드시 그것을 해야만 하는 것은 아니다. 좋아한다면 어떻게든 지킬 수 있다는 게 그의 주장이다.

인생에서 좋아하는 것을 선택하지 못했다고 해서 그것을 포기한 것은 아니다. 여러 사정으로 자신이 좋아하는 것을 놓아야 했다면, 다른 방식으로 그것을 추구해도 된다. 인생이란 하나의 길만 있는 것이 아니라 수

많은 통로로 연결되기 때문이다. 한창우 회장은 클래식 음악을 좋아했기에, 자신이 비록 그 길을 걷지 않았더라도 계속 클래식 연주자와 단체에 투자하고 지원하는 등 좋아하는 것과 가까운 삶을 살고 있다.

　기업 이미지를 고양시키기 위해 문화예술인들을 후원하는 일이야 비교적 흔하다고 생각할지도 모르겠다. 그러나 한 회장은 다른 목적을 가진 후원이 아니라 돈을 넘어선 애정을 보여주었다. 한창우 회장은 사회적 기여에서도 인간미가 중요하다고 강조한다. 그래서 단순히 돈만 내는 후원이 아니라 예술가들에게 격려 편지를 쓰는 등 물심양면으로 진심을 전하고 있다.

　그의 인간미를 느낄 수 있었던 일화가 있다. 출판사로부터 계약금이 왔다. 필자는 먼저 한창우 회장을 소개한 노다 가즈오 선생과 한창우 회장께 저녁식사를 대접하기로 마음을 먹었다. 일전에 회장께 융숭한 만찬을 대접받은 적이 있었기에, 필자로서는 당연한 보답이었다.

　필자는 한 회장이 좋아하는 샴페인, 와인 등을 세심하게 준비했고, 며칠 동안 도쿄 긴자의 레스토랑들에 직접 가서 미리 식사까지 해보면서 장소를 물색해 한 프랑스 레스토랑으로 결정했다. 또한 회장이 음악에 조예가 깊은 분이라서 지인이 소개해준 루마니아 출신 바이올리니스트 폴 플

로라에게 평소 회장이 좋아하는 곡을 연주해달라고 했다. 일본에서는 꽤 명성이 있는 집시 바이올리니스트였다.

그리고 예정된 만남의 날, 그가 회장과 노다 가즈오 선생 앞에서 바이올린을 켜기 시작했다. 약 20분 정도 연주가 이어졌다. 곡이 끝나자마자 회장은 즉석에서 이렇게 제안했다.

"다음 주에 중요한 외국 손님 가족을 초대하려고 하는데, 그때 바이올린 곡을 연주해주지 않겠습니까?"

음악가가 허락했음은 물론이다.

사소한 에피소드일지 모르지만, 필자는 당시 한 회장의 적극성과 사람을 배려하는 면모를 보고 새삼 감탄했다. 그동안 필자는 수많은 주일 대사나 부유한 인사들에게 바이올리니스트의 연주를 들려주었지만 대개가 감동하기는커녕 별로 관심도 보이지 않았던 터였다. 음악에 대한 남다른 관심이 있는 한 회장과는 너무나 다른 삶을 사는 사람들이었기 때문일까?

그때 필자는 '아! 저분은 사업에 성공한 것 이상으로 음악에도 상당한 경지에 이른 분이고, 참으로 점잖은 신사구나.'라고 생각했다.

실제로 한 회장은 이렇게 말한 적이 있다.

"인간에게 가장 필요한 건 인간미다. 내가 사람들에게 주고 싶은 건, 돈보다도 인간미다."

돈이란 그 자체로는 큰 가치를 지니지 않는다. 하지만 돈이 인간미와 결합됐을 때는 우리가 상상할 수 있는 것 이상으로 엄청난 위력을 갖게 된다.

나를 낳아준 나라 한국과 나를 길러준 나라 일본

분노로 인생을 채우기는 아주 쉽다. 하지만 적개심으로 복수의 날을 세우는 것만큼 스스로를 벼랑 끝에 내모는 어리석은 행동도 없다. 《위대한 개츠비》등 많은 문학작품이 이를 증명한다. 현실에서도 우리는 젊은 날을 울분과 분노로 채우다 삶의 진정한 가치를 발견하지 못한 사람들의 이야기를 많이 알고 있다.

일본은 한국과 가까운 나라지만, 과거에는 한국인들이 가장 살기 어려운 곳이기도 했다. 지금은 인식이 많이 바뀌었다고 하지만 여전히 한국인에 대한 차별이나 편견이 전혀 없다고는 말할 수 없다. 그런 상황에서 한창우 회장은 '한'이란 성을 자녀에게 물려주고 사용하도록 한 사람이다.

필자를 만나 한 회장은 이런 말을 했다.

"일본은 나를 길러준 곳이다. 그러므로 나는 일본에 감사하는 마음을 잊지 않는다."

이 말에서 필자는 그의 의인다운 면을 강하게 느꼈다.

많은 한국인이 일본에서 잘 적응하지 못하는 것은, 역사문제를 냉철하게 바라보지 못하는 이유도 있다고 생각한다. 그렇다고 해서 적개심이나 불만으로 아까운 내 인생을 소진할 수는 없지 않은가? 자신의 삶에 더욱 매진하고 노력하다면, 일본에 대한 적개심보다는 좋은 점을 찾고 장점을 배우게 될 것이다. 한창우 회장 역시 이렇게 말했다.

"스스로 노력해서 성공하겠다는 의지를 찾아야 한다."

한 회장은 이 말에 덧붙여 어느 사회든 차별은 존재한다고 말한다. 그리고 차별을 성공의 제약조건이 아니라, 성공의 발판으로 삼아야 한다고 말했고, 실제로 자신의 삶을 통해 이를 증명해왔다.

더욱이 지금은 국제화 시대다. 한국과 일본은 전 세계라는 틀에서 보면 작은 나라일 뿐이다. 한창우 회장은 두 나라가 과거를 가지고 다투는 게 무슨 소용이 있느냐고 되묻는다. 그는 이제 한국인이 해야 할 것은 일본인 스스로가 한국인과 손잡을 기회를 주는 관용이라고 말한다.

'옹졸해지지 말자. 생각의 폭을 좁히지 말자.'

한창우 회장은 매 순간 이렇게 다짐했다고 한다. 그래서 자신이 번 돈을 한국과 일본에 기부했다. 낳아준 나라와 길러준 나라에 환원한 것이다. 그 결과 지금 그는 일본인들이 선망하는 최고의 기업가이자, 진정한 어른이 되었다. 나이 드는 건 쉬워도 어른이 되는 건 어렵다. 어른은 세상을 포용할 줄 안다. 다음 세대가 무엇을 하든 품어줄 수 있으며, 희망이 담긴 이야기를 건넬 수 있다. 세상 사람의 존경과 추앙을 이끌어내는 것은 너그러운 관용의 마음이다.

과거를 돌아보면 누구나 덧없는 안타까움을 느낀다. 과거에 만족하며 사는 사람은 그리 많지 않다. 그래서 과거의 억울함이나 불만을 현재와 미래에까지 가져와 가슴속에 품고 산다. 사람에 대한 복수심, 분노, 적개심 등이 그래서 생겨나는 것이다. 나를 배신했던 사람을 찾아가 통쾌하게 복수하고 싶고, 나를 음해하거나 모함했던 자에게는 응분의 대가를 치르게 하고 싶다.

하지만 과거가 어떤 의미로 남을 것인지는 현재와 미래를 어떻게 살아가느냐에 좌우된다. 현재와 미래를 분노와 복수로 채운다고 해서 과거가 더 의미 있어질까? 현재와 미래를 과거에 대한 분노로 채우는 것은, 과거 전체를 부정하는 행동에 지나지 않는다. 현재와 미래를 부정적이고 그릇된 에너지로 채우지 않는다면, 아무리 서러웠던 과거라도 우리 인생에서 소중한 의미로 자리 잡을 수 있다. 과거의 아픔을 놓아버려야 현재와 미래에 편히 쉴 수 있다. 우리는 과거가 아닌, 현재를 살고 있지 않은가?

맑은 생각에는 잡음이 없다

한창우 회장은 2000년에 도쿄 이케부쿠로에 영업부진으로 문을 닫은 '문예좌'라는 예술극장을 인수해 '신新문예좌'라는 이름으로 다시 개관했다. 블록버스터 영화보다는 오래된 클래식 영화를 상영하는 극장이어서 찾아오는 관객 수가 많지는 않다. 애초부터 그의 목적은 지역 주민들에게 삶의 휴식처를 만들어주는 것이었다고 한다.

이곳에 가면 20세기 명화가 125점가량 전시되어 있다. 그리고 한쪽에는 오래된 영화의 관련 자료나 포스터가 붙어 있다. 자서전에 따르면 한창우 회장은 요즘도 이곳에 가서 지역 주민들과 함께 클래식 영화를 감상한다. 그리고 지난날을 떠올린다고 한다.

시간은 누구에게나 똑같이 주어진다. 하지만 길이가 같다고 해서 그 의미나 가치까지 똑같은 것은 아니다. 시간은 전적으로 사용하는 사람에 의해 가치가 결정된다. 강인한 자는 이 시간들을 소중히 보낸다. 1분 1초도 허투루 보내지 않는다. 그렇다고 강한 자들이 모든 시간을 투쟁과 전투로 채우는 것은 아니다. 인생에는 격전도 필요하지만, 때로는 차분히 지난날을 반성하고 오늘의 삶을 각성하는 시간도 필요하다.

강함은 맑음이다. 진정으로 강한 자는 생각이 청정하다.

우리가 이겨야 할 대상은 세상과 자신의 운명뿐이다. 인생을 다 바쳐

이기고픈 상대는 거울 속에 있는 '자신'이지 타인은 아니다. 우리는 오랜 시간 누군가를 미워하고 시기하거나 분노하는 전투에 시달려왔다. 순간의 승리로 자신이 강해졌다고 착각하며 살았다. 하지만 그러는 사이, 우리도 모르게 약해져가고 있었던 것은 아닐까?

진정으로 강한 것은 누군가를 굴복시키거나 정복한 땅에 깃발을 꽂는 게 아니다. 지금도 어디선가 타인을 향한 분노로 괴로워하는 이들에게 필자는 자기 자신을 이기라고 당부하고 싶다. 더 나은 사람으로 성장한 자신을 흐뭇하게 바라보며 다시 세상과 사람들에게 고개 숙이는 이가 진정으로 '강한 사람'이다.

산다는 것 자체가 감사한 일 아닌가. 그리고 동시대를 살아가는 그 모든 사람이 인생의 동반자다. 살아 있음에 무한한 애정과 감사를 쏟아도 시간이 부족하다. 그리고 이토록 맑은 생각을 하는 순간, 비로소 깨닫게 된다. 진정으로 강해진 자신을 실감하게 되는 것이다.

필자가 한창우 회장을 대단하게 바라보는 이유는 그 누구보다 치열한 삶을 살았고 어떤 괴로움의 순간에도 세상에 분노하지 않았으며, 그 누구에게도 복수하려 들지 않았기 때문이다. 주어진 운명을 수용하면서, 자신의 힘으로 인생을 개척했다. 그리고 세상과 사람을 향해 손을 내밀고 있다. 상류의 물은 깨끗할 수 있다. 하지만 하류의 물이 깨끗하기는 매우 어렵다. 산과 들을 지나는 동안 온갖 때가 입혀지기 때문이다. 한창우 회장은 인생에서 산과 들을 몇 번이나 지나 갖은 고생 끝에 겨우 하류에 도착했음에도 여전히 맑은 생각을 지니고 있다. 그래서 인생의 후배로서 존경하고 감사하다.

아직 그의 인생 승부는 끝나지 않았다. 내일의 전투에서 그가 승리하지 못할 가능성도 물론 있다. 우리의 인생은 장기전이니 말이다. 하지만 필자는 한창우 회장을 인생이라는 격전에서 지지 않은 사람으로 영원히 기억할 것 같다. 그래서 '강함의 자격'에 가장 어울리는 인물로 그를 추천하고 싶다. 그가 성취한 인망에 필자 역시 매료된 셈이다. 필자에게는 그가 마지막으로 한 인터뷰에서 전한 메시지가 인생의 숙제로 남겨져 있다.

"소유하는 것을 생의 목적으로 삼지 말라. 소유하는 것이 목적이 된다면 이내 자기실종, 상실로 끝날 것이다."

기업가에게서는 기대하지 못한, 너무나도 맑은 생각이기에 필자가 이를 따를 수 있을지 걱정이 되기도 한다. 아마 평생 그 의미를 떠올리며 살게 될 것 같다. 필자도 한창우 회장처럼 진정으로 강해지고 싶다. 나아가 관용의 아름다운 미덕과 베풂의 여유를 실천하고 싶다.

업즉신앙, 필요한 것은 사람이다

마루한의
직원
행동규범

※ 판단기준은 고객님

저희의 사명은 고객님을 만족시키는 데 있습니다. 모든 판단은 고객님을 보다 만족시켜 드린다는 사명을 기준으로 행합니다.

※ 마루한 팬의 창조

저희는 항상 고객님의 시점에서 사고하며 고객님과 기쁨을 공유합니다. 이를 통해 고객님이 마루한 팬이 되어준신다고 저희는 믿고 있습니다.

※ 베스트를 추구하라.

저희는 요구되는 기준을 충족시키는 데 그치지 않고 기대를 웃도는 최고를 추고해 감동을 창조해 나가고자 합니다.

세상과 사람을 매혹하는 매력, 인망

❊ 의존이 아닌 자립

저희는 실패의 이유를 다른 사람이나 환경 조건의 탓으로 돌리지 않고, 자기 자신을 되돌아봄으로써 스스로 사고하고 스스로 행동하는 개인이 될 것입니다.

❊ 1+1은 3 이상

저희는 서로를 위하고 이해함으로써 신뢰관계를 두터이 하며, 자립한 개개인이 상호 협력함으로써 시너지 효과를 발휘하는 진정한 팀워크를 실현해 갈 것입니다.

❊ 플러스 스트로크, 서로 고무하라.

저희는 서로의 장점을 인정하고, 주위를 더 좋게 하기 위해 내디디는 한 걸음 한 걸음을, 그리고 그 용기를 칭찬하여 개개인의 잠재력을 최대한 발휘할 수 있는 풍토를 만들어갈 것입니다.

❀ 옳은 것은 옳다.

저희는 '옳은 일'을 '옳다.'고 말할 수 있는 용기를 잃지 않을 것입니다. '누가 말했다.', '누가 했다.'라고 해서 선악을 가리지 못하는 잘못을 범하는 일이 없도록 할 것입니다. 그리고 '옳은 일'을 '옳다.'고 말하는 용기를 받아들이는 풍토를 만들어갈 것입니다.

에필로그

인생의 승부에서 '은퇴'는 없다

세상에는 선한 거짓말이 있다. 현실과는 약간 괴리가 있지만, 마음의 평안을 위해 하는 거짓말이다. 자기계발서를 읽다 보면 종종 눈에 띈다.

우선 '현실을 낙관적으로 보라.'는 조언을 예로 들 수 있을 것이다. 하지만 필자는 이에 동의하지 않는다. 그리고 필자가 인터뷰를 했던, 소위 성공한 사람들도 대부분 그런 주장에 선뜻 동의하지 않았다. 현실을 주관적으로 보는 것은 옳지 못하다. 긍정이든, 부정이든 자신의 주관적인 틀을 정한 후 현실을 바라보는 게 과연 당연한 것인가? 현실은 최대한 객관적으로 보는 게 옳다. 비록 현실이 가파른 벼랑 끝이거나 고달픈 진흙탕이라 할지라도, 일단 현실을 있는 그대로 받아들여야만 그것을 극복하든 뛰어넘든 할 수 있다. 낙관주의가 마음의 평화를 가져올지는 몰라도 때로는 현실도피적 사고에 머물 수 있다.

'사는 건 생각보다 어렵지 않다.', '살다 보면 행복은 저절로 찾아온다.' 등의 주장은 분명히 어폐가 있다고 본다. 솔직히 사는 것은 누구에게나 어려운 일이고, 넋 놓고 살면 좋은 날은 그냥 스쳐 지나갈 뿐이다. 진정으로 강한 사람은 사는 것이 어렵다는 것을 인정하고, '그럼에도 불구하고' 열심히 살아간다. '살다 보면'이란 단어를 '투쟁하듯 살아가면'으로 치환한다. 그들은 행복을 기다리는 게 아니라 스스로 찾아나선다.

강자는 멘탈이 강한 사람이다. 강자가 되기 위해서는 유리가 아니라 철근과 같은 멘탈을 가져야 한다. 깨질까 봐 두려워 품에 안고 보호하는 유리가 아니라, 상처 입더라도 이리저리 부딪쳐 단단하게 단련시키는 강철로 만들어야 한다. 섣부른 낙관주의나 긍정적 사고로 멘탈을 보호하려고만 들면 위기가 닥쳤을 때 오히려 버틸 수 없다.

그렇다. 진정으로 강해지고 싶다면 일단 부딪쳐 깨져야 한다. 상처가 난 후에 더욱 단단해진다. 감기에도 걸려봐야 면역체계가 자리 잡힌다. 현실이 아무리 어려워도 우리는 그 현실을 외면하거나 모른 척해서는 안 된다. 최대한 있는 그대로 직시해야 한다. 뼈아픈 현실에서 도망치지 말고 맞서 싸워야 비로소 강해지는 것이다. 어렵고 두렵더라도 그럼에도 불구하고 부딪쳐보라는 메시지가 한창우 회장의 삶에서 배울 점이 아닐까?

운명하는 그날까지 은퇴하지 말라

가난에서 탈출하는 게 최우선 목표였던 16세 소년 한창우가 이제 성공한 80대의 노장老將이 되었다. 해방 이후 한국 사회의 기적을 만들었던 선배 세대가 이제 노장으로 물러난 것이다.

필자가 애초에 관심 가졌던 부분은 우리의 부모 세대였다. 그들이 겪었던 한국인의 역사는 일제의 식민지배, 동족상잔의 아픔, 경제적 곤란, 이념 간의 대립 등 온통 '참혹함' 그 자체였다. 그러한 고통스러운 시기를 관통하며 우리 부모 세대는 '그럼에도 불구하고' 굳세게 살아왔다. 이미 과거의 이야기라고 여기는 사람들도 있겠지만, 필자는 그분들이 가진 중요한 덕목들이 현재는 물론이고 미래에도 반드시 필요하다고 생각했고, 그분들로부터 하나라도 더 배우고 싶었다. 한창우 회장은 그중에서도 가장 성공한 사람 중 한 분이었다.

솔직히 처음에 필자는 부자를 조명하고 분석하면 부자가 되는 답이 나오리라 생각했다. 약간의 단순한 바람에서 시작된 시도에서 우문현답을 얻은 느낌이다. 그들을 통해 나태해진 우리 세대를 반성하고, 약해진 의지를 다시 일으켜 세울 수 있는 여러 지혜를 배웠기 때문이다. 그래서 독자 여러분께도 성공한 사람을 통해 인생의 지평을 넓히고, 그저 배우는 데서 그치지 않고 실천하는 삶이 되기를 당부드리고 싶다. 물론 한 회장에게서 배운 삶의 지혜들을 필자 개인의 인생에도 접목해보고자 한다.

한창우 회장은 강인한 한국인을 대표하는 인물로 매우 적합한 분이었다. 강인한 생명력으로 인생 앞에서 포효하며 살았던 우리 부모 세대의 인물들 중에서도 한창우 회장의 삶은 더욱 도드라졌다. 그에게는 매우 단순한 진리가 있었다. 정직하고, 좌절하지 않고, 노력하는 것, 바로 그것이었다. 그의 인생을 돌아보면 그가 했던 말이 더욱 크고 깊은 울림으로 다가온다.

"현재 젊은 세대들은 선배들의 헝그리 정신과 도전 정신을 잊어버리면 안 된다."

한창우 회장은 '죽음'에 대한 이야기를 했다. 죽음을 두려워하는 것은 아니었다. 좀 더 멋진 죽음을 디자인하고 싶다는 게 그의 작은 소망이었다. 그는 죽음이란 공평하게 다가오는 삶의 결과라고 생각한다. 죽음을 마주한 자에게 죽음은 더 이상 두려운 존재가 아니다. 그리고 죽음에 대한 지혜를 깨우친 사람은 오히려 남아 있는 삶의 순간들을 사랑하게 된다며 미소 지었다. 그의 말을 듣다 보니, 어찌 보면 노장이란 오래 산 사람이 아니라 죽음의 지혜를 터득한 존재인지도 모른다는 생각이 들었다.

그는 죽음과 마주하고 나니 오히려 삶이 더 강해진 것 같다고 했다.

"오히려 더 새로운 시각을 가질 수 있게 됐다. 그리고 그 새로운 시각이 새로운 마음을 만들어주었고, 다시 새로운 마음이 새로운 결과를 만들어주었다."

한창우 회장은 죽음 앞에서 우리 인생이 언제나 다시 새로워진다고 말한다. 남은 시간이 별로 없다는 사실에서 떠오르는 것은 조급함이 아니라 더 강해진 자신이었다. 죽음 앞에서 세속적인 가치들은 그 의미를 잃어갔다. 대신 인간으로서 진정 가져야 할 가치가 보였다. 세상을 살다간 위인이나 역사의 획을 긋는 영웅들은 운명하는 날까지 은퇴란 없다는 사실을 안다. 노장은 죽지 않는다는 말이 있듯이.

우리의 선배들은 여전히 강해지고 있는 중이다. 인간이란 숨이 멈추는 순간까지 스스로를 단련시켜 강해지는 존재다. 죽음을 마주한다는 것은 건강해질 수 있는 또 다른 기회가 된다. 그러하기에 노장은 물러서는 존재가 아니라 또 다른 격전을 벌이는 자들이다.

세상의 선한 거짓말 중 또 하나가 '멋지게 은퇴해야 한다.'는 말이다.

더 강인해져서 해야 할 일들이 산적해 있는데 우리 시대는 은퇴가 너무 빠르다. 여전히 세상은 노장을 필요로 하고, 강자를 원한다. 그렇다면 은퇴가 아니라 할 일을 아무 문제없다는 듯 묵묵하게 해나가는 게 더 바람직하지 않을까? 궁극적으로 죽음을 향해 가면 갈수록 인간으로서 더 강해지는 것이 아닐까?

한창우 회장을 소개한 일본의 경제학자 노다 가즈오 선생도 80대다. 그는 지금도 의욕 넘치게 강의하고 있으며 새로운 대학을 개설해 학장이 되었으며 후학을 양성하는 데 에너지를 쏟고 있다. 마치 그에게 쉬는 것은 죽음을 의미한다는 듯 멈추지 않고 활동을 이어가고 있다.

이는 필자가 제시하는 '강함의 자격' 중 마지막 항목이기도 하다. 강함은 찰나에 끝나지 않고 '지속'된 결과다. 누구나 순간적으로 강해졌다고 착각할 수도 있다. 하지만 진정한 강자는 순간에 머무르지 않는다. 끝까지 운명과 대결한다. 가장 강한 자는 오래가는 사람이며 끝까지 완주하는 사람이다.

그래서 필자는 부디 끝까지 가보라고, 끝까지 가면서 중간에 멈추지 말자고, 삶의 마지막 순간까지 강해지라고 이야기하고 싶다. 한창의 회장의 삶을 통해 '끝까지 완주하는 사람은 지지 않는 인생을 살 수 있다.'는 점을 가슴속에 간직하길 바란다.

헛되이 내던져도 되는 인생은 없다

인연소생법因緣所生法

아설즉시공我說卽是空

제행무상諸行無常

제법무아諸法無我

열반적정涅槃寂靜

이 세상에 눈에 보이는 존재는 모두가 다 인연 따라서 잠시간 존재한다. 인연 따라서 잠시간 이루어졌기에 시시각각으로 변화무쌍變化無雙하다. 어느 한동안도 내 존재가 그대로 머물러 있지 않듯이 우주 만물은 항상 생사와 인과가 끊임없이 윤회한다. 한 모양으로 머물러 있지 않음을 마땅히 안다면, 모든 것은 인연에 의한 실체성이 없다는 것을 안다면, 슬픔, 괴로움은 사라진다. 마음을 비운 고요한 성품이 즉 열반이며 마음을 채우면 괴로움이 드러난다. 원래 없는 것을 아는 것이 열반의 성품, 깨달음의 성품, 부처의 성품이다.

이것이 불교가 추구하는 세계관, 가치관이며 궁극의 니르바나다.

괴로움이 없는데 무슨 슬픔이 있으며 무엇을 향하여 고뇌하는가.

인연 따라 왔다 사라지는 것이 인생임을 우리는 마땅히 알고 배워야 한다.

그리하여 주어진 인생을 헛되이 버리려고 하거나 쉽게 좌절하지 말라고 말하고 싶다. 이렇게 힘들고 어려운 환경에서도 혼자 딛고 일어난 한창우 회장처럼, 바로 그 기적의 주인공이 바로 당신이 될 수도 있기 때문이다.

감사의 글

필자는 2008년에 아시아 최고의 갑부이자 창장 그룹 회장인 리자싱을 만난 적이 있다. 그 당시 리자싱이 적을 둔 홍콩 페닌슐라 호텔 로터리클럽에 메이크업을 하는 날이었고 공교롭게 같은 테이블에서 식사를 하게 되었다. 아시아 최고의 부자이며 자산가인 리자싱은 필자와 일본인 몇 사람에게 커피를 대접하고 이야기를 나누었는데, 그때 들은 5달러에 대한 인상적인 이야기를 잊을 수가 없다.

자신에게 엄격하여 신발 한 켤레도 잘 사지 않는 리자싱이 회사에 도착해 차에서 내리려는데 홍콩 달러로 5달러짜리 지폐가 땅에 떨어져 도랑으로 흘러가는 것을 발견했다고 한다. 그는 운전사를 시켜 맨홀을 열고 그 5달러를 찾았는데, 그러고는 운전사에게 수고비로 10달러를 주었다고 한다. 언뜻 보기엔 손해가 아닌가? 그 이야기를 듣고 필자는 그에게 이렇게 물었다.

"왜 5달러를 찾고 10달러를 주었나요?"

그는 5달러가 땅에 있으면 무용지물이지만, 그것을 찾아 다른 이가 사용하면 5달러 이상의 가치를 하기 때문이라고 했다. 그 말에 직원에 대한 배려, 5달러의 가치창출 등 다양한 생각이 머리를 스쳤다. 그가 가진 경영의 마인드를 읽을 수 있었다.

필자는 당시 '아! 부자는 역시 달라도 아주 다르구나.'라는 생각을 했다. 그 감탄의 추억이 다시 살아나게 한 사람이 바로 한창우 회장이다. 한창우 회장 하면 필자는 곤조, 즉 근성이 먼저 떠오르고 강직함이 느껴진다. 인생이란 참으로 녹록하지 않아서 생각한 그대로 다 이루거나 성공하지도 못하며, 누구나 어떤 것이든 유형, 무형의 짐이 있게 마련이다. 인생은 너무나 천차만별이라 일일이 열거하기도 어렵다. 가난한 사람, 병든 사람, 부모가 없는 사람 등 우리는 수많은 고통과 괴로움과 좌절의 늪을 건너며 살아간다. 그것은 어쩌면 자신이 지고 있는 그림자이며 카르마다.

이제 필자는 한 사람의 인생을 들여다보면서 존경과 찬사와 부러움 그 이상의 고통까지 이해하게 되었다. 그것은 평화로운 안정과 행복만은 아니었다. 남들이 모르는 수많은 질곡의 삶에서 바닥까지 가본 사람의 인생이 가르쳐준 교훈은 너무나 많았고, 그 카르마를 딛고 일어선 성공의 모습은 한 편의 영화보다 더 감동적이었다.

인생을 어떻게 살아야 하는지 고뇌하는 젊은이들에게 한창우 회장의 이야기는 큰 영감을 주리라 생각한다. 물론 지금과는 상황이 많이 다르고, 각자가 처한 현실도 다르지만, 한 회장이 시대적인 어려움을 어떻게 극복했는지, 조국을 떠나 타국에서 온갖 차별을 감수하며 어떻게 성공을 거두었는지를 보면서 각오를 다졌을 수도 있다. 그리고 한 회장이 삶을 통해 보여준 일과 사람에 대한 배려는 성공 이상의 인류애로 기억되리라고 믿어 의심치 않는다.

이 책을 집필할 수 있도록 허락해주고 지원해주신 한창우 회장께 감사의 인사를 올린다. 그리고 책을 만드는 과정에 참여해 노력해준 많은 분들께 머리 숙여 감사 인사를 드린다.

한창우 회장 연보

1931년 2월 15일 경남 삼천포(지금의 사천시)에서 출생

1947년 10월 22일 일본으로 밀항

1953년 호세이 대학 졸업 후 자형이 경영하던 교토 미네야먀 파친코 직원으로 취업

1957년 5월 교토 미네야마에서 음악다방 루체 창업

1958년 4월 개인 경영 파친코점 오픈

1967년 12월 볼링장 사업 시작

1988년 10월 회사명을 ㈜마루한으로 변경

2000년 12월 이케부쿠로 영화관 신문예좌 오픈

2002년 2월 파친코 점포 100개 오픈 달성

2003년 4월 식품사업 독립분사로 육성 주식회사 엠푸드MFOOD 설립

2004년 1월 마루한 첫 슬롯머신 준니 점 오픈

2005년 1월 마루한 파친코 업계 최초 1조 엔 달성

　　　　　　마루한 비즈니스 스쿨 이즈코겐 설립 운영

2005년 엠푸드가 미국 조카ZOKA 커피점 일본 내 런칭

2005년 12월 PTB(Pachingko-Trusty-Board) 가맹점

2008년 캄보디아 마루한 재팬 뱅크 설립

2005년부터 3년간 일본 〈포브스〉 선정 억만장자

수상내역

1991년 대통령상 수상

1994년 국민훈장 무궁화장 수훈

1999년 일본 3등 서보장 수훈

2004년 마셜공화국 최고공로훈장 수훈

2008년 캄보디아 대통령상 수상

저자소개

주리樹理 ·

서양철학을 전공했다. 국제 외교 전문가들과 교류하며 일본에서 활동 중이다. 대학 강사, 전문 패널, 신문 칼럼니스트, 작가 등 다양한 프로필을 갖고 있다. 현재 한국의 신문 칼럼을 통하여 일본 문화를 알리고 있다. 저서로는 《손정의, 세계를 로그인하다》외 다수가 있으며 여러 권이 일본어로 번역, 출간되기도 했다.